Nina Weber * Mama macht mal Pause

Nina Weber

Mama macht mal Pause

10-Minuten-Wellness
im Alltagsstress

Kösel

Der Kösel-Verlag weist ausdrücklich darauf hin, dass bei Links im Buch zum Zeitpunkt der Linksetzung keine illegalen Inhalte auf den verlinkten Seiten erkennbar waren. Auf die aktuelle und zukünftige Gestaltung, die Inhalte oder die Urheberschaft der verlinkten Seiten hat der Verlag keinerlei Einfluss. Deshalb distanziert sich der Verlag hiermit ausdrücklich von allen Inhalten der verlinkten Seiten, die nach der Linksetzung verändert wurden, und übernimmt für diese keine Haftung.

Verlagsgruppe Random House FSC® N001967
Das für dieses Buch verwendete FSC®-zertifizierte Papier
IQ Print liefert Mondi SCP a.s., Ružomberok, Slowakei.

Copyright © 2014 Kösel-Verlag, München,
in der Verlagsgruppe Random House GmbH
Dieses Werk wurde vermittelt durch die Literaturagentur Kai Gathemann.
Umschlag: Weiss Werkstatt, München
Umschlagmotiv: shutterstock/Vitezslav Valka; plainpicture/Bobo Olsson
Lektorat: Silke Uhlemann, München
Druck und Bindung: Polygraf Print, Prešov
Printed in Slovak Republic
ISBN 978-3-466-31015-9

www.koesel.de

Inhalt

7 Vorwort

9 Einleitung

15 Morgens – Energie schöpfen für einen ganzen Tag
Starten Sie voller Energie in den neuen Tag! Auch als Mama können Sie morgens ein paar Minuten für Ihre Entspannung und Wellness abzweigen.

51 Mittags und am Nachmittag – Tagsüber auftanken
Wann auch immer Ihre Kinder nach Hause kommen, Zeit für Sie allein dürfte eher rar sein. Sie können sich trotzdem mit Wellness und Fürsorge verwöhnen, ob beim Essen, bei kreativen Pausen oder einer kurzen Traumreise.

121 Abends – Jetzt bin ich dran!
Der Abend gehört Ihnen. Nutzen Sie die Sendepause Ihrer Kinder, um Reserven für den nächsten Tag anzulegen und um zur Ruhe zu kommen.

167 Anhang

Vorwort

Glücklich ist, wer Glück in alltäglichen Dingen findet.

Henry Ward Beecher

Liebe Leserin,

ich freue mich, dass Sie diese Zeilen lesen. Denn ich weiß, dass Sie viel um die Ohren haben.

Als Mama stecken wir jeden Tag in einem Spannungsfeld: Wir lieben unsere Kinder und genießen es, mit ihnen zu spielen. Aber wir fühlen uns auch ausgelaugt, haben das Gefühl, uns nie denken hören zu können. Hatten Sie vor Ihren Kindern eine Ahnung, wie viel die Mutterrolle von Ihnen fordert – an Energie, an Aufmerksamkeit, an Fürsorge?

Etwas allein machen? Fehlanzeige. Uns etwas Gutes gönnen, das nichts mit leckerem Essen zu tun hat? Fehlanzeige.

Nehmen Sie sich die Zeit! Lassen Sie sich von diesem Buch zu kurzen Auszeiten aus dem Mama-Alltag verführen. Es gibt genug Gelegenheiten, sich mit und ohne Kinder auf andere Gedanken zu bringen, sich etwas Gutes zu tun.

Alle in Ihrer Familie werden davon profitieren, wenn Sie auch mal Zeit für sich haben. Denn eine Mama, die ihre Batterien aufgeladen hat, kann sich mit viel mehr Elan und Freude ihren Kindern widmen.

Denken Sie immer daran: Sie leisten jeden Tag Großes. Sie haben sich täglich Fürsorge und Wellness verdient.

Alles Liebe,
Ihre Nina Weber
www.facebook.com/NinaWeber.Seashell

Einleitung

Über den Wind können wir nicht bestimmen,
aber wir können die Segel richten.

Wikinger-Sprichwort

Mütter – besonders Mütter von Kindern unter zehn Jahren – fühlen sich oft ausgelaugt. Kein Wunder, widmen sie doch tagein tagaus ihre gesamte Energie und Aufmerksamkeit ihren Kindern, ihrem Job sowie der Logistik des »Kleinunternehmens« Familie. Da bleibt keine Zeit, Reserven wieder aufzufüllen.

In diesem Buch stelle ich Ihnen 10-Minuten-Ideen vor, die Ihnen helfen, zur Ruhe zu kommen und Kraft zu tanken. Von körperlicher Wellness (zum Beispiel ätherische Öle, leichte Yoga-Übungen) bis hin zu seelischer Entspannung (beispielsweise Traumreisen, Übungen aus dem Kreativen Schreiben) finden Sie passend zu Ihrer Ausgangsstimmung Anregungen für entspannende Auszeiten.

Entstanden sind die Tipps aus meiner zunehmenden Gereiztheit beim Lesen von typischen Wellness- und Entspannungs-Tipps in Büchern und Zeitschriften, die selbst für kinderlose Singles kaum im Tagesablauf unterzubringen sind – geschweige denn für eine Mutter, die spätestens ab Mittag ein oder zwei Kinder um sich herumspringen hat.

Sie finden hier Übungen und Wellness-Tipps versammelt, die sich für mich (ich habe zwei Kinder im Alter von zwei und sieben Jahren sowie einen hyperaktiven Hund) bewährt haben.

Morgens, mittags, nachmittags und abends

Auch die frischgebackenen Mütter unter Ihnen werden schon gemerkt haben, dass sich ein Tagesablauf mit Kind radikal von dem ohne Kind unterscheidet. Das erste Kind ist gewissermaßen die Wasserscheide – *vK* (vor Kind) und *nK* sozusagen (Jahr 2 nach Kind …). Und wer unter Ihnen nicht nur ein, sondern zwei oder mehr Kinder hat, weiß längst, was ich nicht wusste: dass sich der Alltag mit jedem weiteren Kind noch einmal komplett verändert. Das zweite (dritte, vierte …) Kind bedeutet nicht nur »mehr Kind« und »noch weniger Zeit für Mama«. Die gemeinsam verbrachte Zeit mit den Kindern nimmt an Fahrt auf – »Mama« veranstaltet jeden Tag ihr ganz privates Wüsten-Derby. Der Abend ist die rettende Oase in der Ferne – die sich mit kleinem Kind häufig als Fata Morgana entpuppt, wenn es nicht schläft. Mal kann Mama mit Fähnchen am Rand stehen, sich um ihren Kram kümmern, während die Kinder aufdrehen, sich abreagieren, Spaß haben. Mal rast man zusammen mit ihnen und mit Mordsspaß dem Ziel entgegen. Oft hat man aber auch das Gefühl, den Kindern nur hinterherzuhecheln, noch mit dem Boxenstopp des einen beschäftigt zu sein, während der andere schon schnurgerade auf das nächste Hindernis zuheizt … Hier noch »self care« (Selbstfürsorge) einschieben zu wollen, ist ambitioniert.

Ich habe daher alle Tipps und Anregungen komplett an die Bedürfnisse von Müttern angepasst. Ein Mama-Morgen ist geprägt vom Kampf ums Aufstehen, ums Waschen, Anziehen. Dann mit Arbeit, ob nun zu Hause oder aushäusig, ausgefüllt. Dementsprechend finden sich im Morgen-Kapitel Tipps für einen guten Start in den Tag, Ideen, was Sie vielleicht an Ihrer Planung, Ernährung usw. ändern können, damit Sie den Tag mit mehr Energie bewältigen.

Länger sind die nächsten beiden Kapitel. Die Mittagszeit und den Nachmittag habe ich zu einem Kapitel zusammengefasst, da ich nicht weiß, wann Sie Ihre Kinder aus der Krippe oder dem Kindergarten abholen (wenn sie eine Einrichtung besuchen) bzw. wann sie aus der Schule nach Hause kommen. Dieses Kapitel vereint Tipps fürs Mittagessen, für kinderlose kurze (!) Auszeiten am Nachmittag – aber auch viele Tipps, wie Sie sich entspannen, sich etwas Gutes tun können, obwohl Ihre Kinder um Sie herumspringen.

Das Abendkapitel geht, mit wenigen Ausnahmen, davon aus, dass Ihre Kinder im Bett sind und Sie sich jetzt mit Muße um sich selbst kümmern können. Das kommt bei allen Mamas zu kurz! Hier finden Sie auch intensivere Übungen aus dem Wellness-Schreiben – sie dauern nicht lange, aber tagsüber werden Sie vermutlich nicht die Ruhe dafür haben.

Diese Einteilung ist nur ein Vorschlag. Picken Sie sich die Tipps heraus, die Ihnen jetzt, in Ihrer Situation, guttun! Blättern Sie durch die Seiten oder lassen Sie sich vom Register inspirieren.

Ein Wort noch zum Register: Im Buch verstreut finden sich ein paar Kästen, in denen Sie mehr zu einem bestimmten Thema erfahren. Wenn Sie zum Beispiel im Register unter »Schreiben« nachschlagen, sehen Sie hinter einer Seitenzahl den Vermerk *(Info)*. Dort finden Sie die Background-Infos. Das Gleiche gilt für andere Themen.

Hyperlinks

Sie werden in diesem Buch nur Links zu meinem Blog *Land der Abenteuer* finden. Zum Teil biete ich dort weiterführendes Material an (beispielsweise Fotos zu den im Buch vorgestellten Yoga-Übungen). Aber auch externe Links leite ich über meinen Blog um, damit ich die URL verkürzen kann und um veraltete Links zu vermeiden. Geben Sie die URL ein, landen Sie sofort auf der Zielseite, ohne einen weiteren Klick.

»Ich habe aber nie Zeit für mich!«

Der Ansatz dieses Buches ist bewusst gewählt. An manchen Tagen sind zehn Minuten Pause für Mama schon ein Traum. Klettern Sie raus aus der Gedankenfalle »Die Zeit habe ich nicht« oder »Was kann ich in zehn Minuten schon machen? Nix!«. Sie lernen in diesem Buch verschiedene Tricks kennen, wie Sie in zehn Minuten richtig viel erreichen können.

Vieles davon gefällt Ihnen hoffentlich so gut, dass Sie dann am Abend sogar freiwillig noch ein paar Etappen drauflegen. So kommt jeden Tag in kurzen 10-Minuten-Einheiten einiges zusammen, das Sie für Ihre Entspannung getan haben. Und auch bei nur zwei oder vier »Happen« Entspannung am Tag werden Sie abends einen Unterschied spüren.

Morgens – Energie schöpfen für einen ganzen Tag

Starten Sie voller Energie in den neuen Tag! Auch als Mama können Sie morgens ein paar Minuten für Ihre Entspannung und Wellness abzweigen.

Jeder Atemzug ist ein Neubeginn.
Und jeder neue Tag ist ein ganz
eigenes Lied.

Jacqueline Carly

Sich denken hören

Das ganze Haus ist noch still, kein Stimmchen ruft nach mir. Ich koche mir einen ganz fixen Kaffee, setze mich (wenn es kalt ist, in eine Decke gehüllt) noch im Schlafanzug mit der Tasse an den Esstisch oder Schreibtisch. Schließe die Augen, atme den Duft ein und spüre, wie die Stille mich langsam erfüllt.

Wenn ich nicht Autorin wäre, würde ich einfach die knappe Stunde so sitzen bleiben, bis ich ins Bad muss, um vor meinen Kindern dort fertig zu sein. Weil ich aber Autorin bin und mein Glücksquotient davon abhängt, ob man mich länger als eine halbe Stunde am Tag an meinem aktuellen Roman hat arbeiten lassen, werfe ich den Computer an und beginne zu schreiben. So ruhig kann man als Mama sonst nie schreiben. Und auch nie so nah bei sich selbst sein. Frisch nach dem Aufwachen schläft der Zensor noch, ist man dicht dran an seinen Wahrheiten. Das macht diese magische Stunde vor dem Aufwachen der Kinder auch zu einer sehr guten Zeit für die sogenannten »Morgenseiten« oder das »Seelenschreiben« (mehr dazu in dem Buch »Der Trotzphasen-Survivalguide« von Anja Bagus und mir, siehe Anhang). Eigentlich ist es auch eine gute Zeit für eine geführte Traumreise oder Meditation. Ich muss aber zugeben, dass ich um diese Uhrzeit während einer Visualisierung einschlafen würde. Ich muss etwas tun (siehe auch »Sport am frühen Morgen«), also beispielsweise den Stift übers Papier bewegen, um mich wachzuhalten. Wenn es Ihnen auch so geht, ist eine eher aktive Meditation wie die Nadi-Shodana-Atmung oder ein Yoga-Flow vielleicht etwas für Sie.

NEUERSCHEINUNGEN
Herbst 2014 – eine Auswahl

Psychologie & Modernes Leben

Leben mit Kindern

Religion & Gesellschaft

Psychologie & Modernes Leben

Wer kennt sie nicht? Selbstzweifel, die uns verunsichern, das Vertrauen in uns selbst und in andere Menschen untergraben. Die erfahrene Psychotherapeutin und Bestsellerautorin Bärbel Wardetzki zeigt, wie wir einen gelassenen Umgang mit Selbstzweifeln lernen können. Je mehr wir wissen, wie es zu diesen Angriffen auf unser Selbstwertgefühl kommt und welche Möglichkeiten wir haben, uns davor zu schützen, umso souveräner können wir neuen Situationen begegnen. Selbstvertrauen ist dabei das Schlüsselwort. Bärbel Wardetzki unterstützt die Leser dabei, Sicherheit in sich selbst zu finden, sich auf sich selbst zu verlassen und sich als die Person zu schätzen, die man ist. Wirksame Selbsthilfe: praktisch, kompakt und übersichtlich.

Hans-Peter Unger; Carola Kleinschmidt
»Das hält keiner bis zur Rente durch!«
Damit Arbeit nicht krank macht: Erkenntnisse aus der Stress-Medizin
ca. 288 Seiten. Gebunden mit Schutzumschlag
ca. € 19,99 [D] | € 20,60 [A] | *CHF 28,50
ISBN 978-3-466-31006-7
Auch als E-Book erhältlich

Bärbel Wardetzki
Souverän und selbstbewusst
Der gelassene Umgang mit Selbstzweifeln
144 Seiten. Durchgehend zweifarbig.
Klappenbroschur
€ 14,99 [D]
€ 15,50 [A]
*CHF 21,90
ISBN
978-3-466-31028-9
Auch als E-Book erhältlich

Warum fällt es so schwer, aus dem Hamsterrad auszusteigen, obwohl wir wissen, dass es uns krank macht? Die beiden renommierten Autoren fühlen den Ursachen der Stress-Plage den Puls. In ihrem neuen Buch entwerfen sie das Modell der Gesundheitsspirale auf drei Ebenen: im persönlichen Alltag, auf Unternehmensebene und gesamtgesellschaftlich. Ein wissenschaftlich fundiertes, erkenntnisreiches und höchst aktuelles Werk, das sich zudem als spannendes Lesevergnügen entpuppt.

Mein Bad gehört mir

Bestimmt fühlen Sie sich ganz anders als sonst, wenn Sie unter der Woche am Morgen zufällig mal »Erwachsenenzeit« im Bad hatten. Wenn Sie sich nicht nur die Haare waschen konnten (was für ein Luxus mit zwei Kindern!), sondern sogar bis zur Mascara gekommen sind, ohne dass Sie jemand am Bein zerrt, Ihren Rougepinsel zum Fliesenreinigen zweckentfremdet oder Sie bis ins Detail über Klo-Abenteuer welcher Art auch immer informiert (»Jetzt kam doch Aa, Mama, boah!«).

Wie kann man diesen paradiesischen Zustand der Ruhe häufiger genießen?

Wer Kinder hat, die sich schon selbst anziehen können, kann Accessoires ins Gäste-WC auslagern. Dort liegt bei uns zum Beispiel auch ein Reiseför. Ebenfalls praktikabel, wenn auch ungewöhnlich: In einem Küchenschrank einen Spiegel innen an der Tür aufkleben, ausklappbaren Klemmspot am Brett darüber anbringen. Nach dem Duschen wechselt frau den Raum, um sich in Ruhe zu frisieren und/oder sich zu schminken.

Ansonsten hilft nur: Zähneknirschend früher aufstehen und die Zeit allein genießen.

Ich habe ein Recht auf etwas Zeit für mich.

Morgens etwas für die Seele tun

Es lohnt sich immer, sich eine halbe oder ganze Stunde vor den Kindern aus dem Bett zu quälen (siehe auch »Mein Bad gehört mir«). Wer die Zeit nicht zum Aufbrezeln oder In-Ruhe-Kaffee-trinken nutzen möchte, kann auch kreativ werden. Einmal im Jahr mache ich bei einem Schreibwettbewerb mit, wo man in kürzester Zeit eine Menge Text produzieren muss. Das Pensum schaffe ich mit zwei kleinen Kindern und einem »Broterwerb« nur, wenn ich eine Stunde vor allen anderen aufstehe und mich noch im Schlafanzug an den Computer schwinge (okay: mit einem Umweg über die Kaffeemaschine ...). Da ich die eine Stunde nur fürs Schreiben nutze, entspannt sich der Morgenablauf durch das frühe Aufstehen nicht. Aber ich begegne dem Tag ganz anders, da ich schon eine Stunde lang etwas für mich, nennen wir es pathetisch: für meine Seele, getan habe!

Finden Sie heraus, was Ihr Seelenfutter ist, und starten Sie mit Beginn des nächsten Monats in einen Vier-Wochen-Sprint: Malen Sie jeden Morgen eine Stunde, machen Sie Yoga, gehen Sie laufen, legen Sie sich mit dem Hund vor ein selbst gebautes Kaminfeuer (Kerzen auf einem Tablett tun's auch).

Probieren Sie vier Wochen lang aus, was immer Ihnen Zuversicht und Ruhe für den Tag schenkt.

Singen voller Inbrunst

Singen Sie laut und voller Inbrunst unter der Dusche! Singen stärkt nicht nur dass Immun- und Herz-Kreislauf-System und hilft bei der Infektabwehr, es wirkt auch effektiv gegen Verstimmungen. Dabei ist es egal, ob Sie bei »Deutschland sucht den Superstar« alle aus den Socken hauen, unter der Dusche trällern oder im Kirchenchor mitsingen. Eine Musikalität haben wir alle; lassen Sie sich nicht einreden, Sie könnten nicht singen! Wählen Sie das Lied einfach passend zu Ihrer Stimmung. Niemand kann von Ihnen verlangen, dass Sie was von Blümelein im Mondenschein singen, wenn Sie gerade von allem die Schnauze voll haben.

Wenn Sie Ihre Singstimme entdecken wollen, können Sie inkognito bei einem Gesangstrainer (teuer, jedoch schon zwei bis drei Stunden geben dem Selbstvertrauen einen Schub) oder in einem Verein trainieren, ohne Scheu laut und in Gegenwart anderer Menschen zu singen. Singen hilft Eltern auch abends, wieder »runterzukommen«.

Alternativen zum Singen

Probieren Sie auch mal die »Bienenatmung« aus dem Yoga aus. Sie können auch chanten (ohne Worte Laute singen) oder Mantras singen – jenseits des berühmten Om gibt es eine ganze Welt aus klassischen oder modernen Mantra-CDs zu entdecken. Ein paar Vorschläge zum Reinhören: Deva Premal, Sundaram, Janin Devi, The Love Keys.

Zaubertränke

Flüssigkeitszufuhr macht wach, warme Flüssigkeit entspannt. Etwas Besseres als warme Tees gibt's daher für Mamas nicht.

Hier zwei selbst gemachte Gewürztees, die nebenbei auch noch schön machen sollen.

Zitronengras

Frisches Zitronengras an der Gemüsetheke kaufen. Das Ende von allen Stängeln abschneiden. Die harten äußeren Blätter großzügig entfernen, bis nur noch frisch Duftendes übrig bleibt. Zwei Stängel beiseitelegen, die übrigen einfrieren. Die zwei Stängel mit der Breitseite eines großen Küchenmessers etwas andrücken und dann mit kochendem Wasser überbrühen. Abgedeckt etwa sieben bis zehn Minuten ziehen lassen (länger ist aber auch nicht schlimm) und trinken. Die Stängel kann man mehrmals mit frischem Wasser aufbrühen; jedes Mal etwas länger ziehen lassen, damit sie noch Geschmack abgeben.

Ingwerwasser

Ein Stück Ingwer (etwa halb so lang wie Ihr Daumen) abschneiden und schälen. Der Ingwer sollte saftig und nicht trocken-faserig sein, dann ist er zu alt. Ingwer im Ganzen (dann wird es nicht so scharf) oder in mehrere große Stücke geteilt in einen Becher geben. Mit heißem Wasser überbrühen und abgedeckt etwa zehn Minuten ziehen lassen. Ingwer rausfischen und das Ingwerwasser trinken. Sie können es auch kalt trinken – erkalteten Tee also nicht wegschütten.

Auch schön: Ein daumenlanges Stück geschälten Ingwer in eine Thermoskanne geben, mit kochendem Wasser überbrühen und zuschrauben. Den Tag über immer mal wieder eine Tasse heißen Ingwertee genießen. Der Tee wird mit der Zeit immer schärfer, aber gerade das gibt dem Ganzen einen besonderen Pep und macht wach.

Nehmen Sie eine Thermoskanne, die nur für Tee, nicht für Kaffee verwendet wird, sonst schmeckt's seltsam. Ingwertee ist super fürs Immunsystem und liefert Ihnen kostbare Flüssigkeit. Falls Sie stillen: Die Milchproduktion regt er auch an.

Die So Hum-Meditation

Eine der effektivsten Meditationen ist die »So Hum«-Meditation, gesprochen »ßo hamm«. Gesehen habe ich sie bei Deepak Chopra und Leonie Dawson. Wer sie ursprünglich entwickelt hat, konnte ich noch nicht herausfinden.

So geht's:
Sie stellen an einem ruhigen Ort auf dem Handy einen Timer mit fünf Minuten (Fortgeschrittene: zehn Minuten) ein. Sind Ihre Kinder im Zimmer/im Haus, können Sie auch eine Meditationsmusik von etwa fünf bzw. zehn Minuten Länge über Noise-Cancelling-Kopfhörer oder normale Kopfhörer einspielen.

So geht's:
Setzen Sie sich aufrecht auf ein Kissen oder einen Stuhl und schließen Sie die Augen.

Atmen Sie langsam ein und aus; Ein- und Ausatem sind etwa gleich lang.

Zu jedem Einatmen denken Sie »so«, zu jedem Ausatmen »ham«. Beide Laute schwingen eine Weile nach; das »Ham« klingt wie ein Stoßseufzer der Erleichterung.

Setzen Sie den langsamen Atem und die dazu gedachten Laute fünf Minuten lang fort.

Nach fünf Minuten ist die Meditation beendet.

Was die Meditation schwierig und effizient zugleich macht: Wenn die Gedanken zu schweifen beginnen, vergisst man eine Silbe. Da keine Silbe vergessen werden soll, müssen die Gedanken also beim Atem und bei den gedachten Silben verweilen. Das fühlt sich zunächst stumpfsinnig an – erfrischt und entspannt aber unglaublich, wenn man es nur ein paar Minuten durchhält.

Einstimmung auf das Schreiben

Um das Größtmögliche aus den kleinen Schreib-Einheiten, die Sie im Buch verstreut finden, herauszuholen, hilft es, sich auf das Schreiben einzustimmen.

Die folgende kurze Visualisierung ist nicht nötig – Sie können auch einfach losschreiben. Aber vielen Müttern hilft es, zumindest gedanklich erstmal einen Strich unter den Alltag zu ziehen und sich dann mit Wellness-Schreiben zu entspannen.

Ziehen Sie sich mit einem Block und einem Stift auf Ihre Ruhe-Insel zurück – auch wenn es nur eine Sofaecke im mit Kindergeschrei angefüllten Wohnzimmer ist.

Setzen Sie sich möglichst mit dem Rücken zu den Kindern, damit es nicht so spannend aussieht, was Sie tun.

Schließe für einen Moment die Augen und lass los.
Stell dir vor, du stehst auf einem Berggipfel und ein weiches Lüftchen weht um deine Nase.
Vielleicht stehst du auch in der Dunkelheit auf einer Wiese und wirst nur vom Mondlicht beschienen.
Such dir deinen ganz persönlichen Rückzugsort, der dich abschalten lässt. Der dich einfach nur spüren lässt, ganz in Frieden.
Atme tief ein – und wieder aus.

Noch einmal: ein – und aus.
Jetzt öffne die Augen und beginne zu schreiben. Lass das, was heute rauswill, einfach auf das Blatt fließen. Vielleicht hat es sich bisher nicht so angefühlt, als könntest du jemals über das schreiben, das dir gerade durch den Kopf geht – tu es heute einfach. Schreib drauflos, unzensiert. Schreib, so schnell du kannst.

Wenn die Zeit um ist oder Sie unterbrochen werden, lassen Sie das Geschriebene einfach los.

Sie werden sich freier und erleichterter fühlen, auch wenn Sie nur fünf Minuten schreiben konnten. Vernichten Sie Ihre Texte, zum Beispiel wenn Sie Angst haben, dass Ihre Zeilen gelesen werden könnten, oder wenn Ihnen Angst macht, was da aus Ihnen herausgeschossen kam. Das *Schreiben* entspannt – es ist nicht nötig, die Texte aufzubewahren.

Ab Seite 47 finden Sie weitere Anregungen für das Kreative Schreiben.

Sport am frühen Morgen

»Sport geht ja nicht mit den Kindern. Ich kann mir keinen Babysitter leisten, nur um ins Fitnessstudio zu gehen.« Stehen Sie lieber früher auf (siehe »Mein Bad gehört mir«) und legen Sie eine Runde Sport nach Wahl ein, bevor Ihre Kinder aufwachen. Wenn Sie alleinerziehend sind und deshalb kein Papa den Schlaf der Kinder überwachen kann, können Sie zum Beispiel eine Fitness-DVD per kabellosem Headset verwenden (damit die Kinder nicht aufwachen), eine halbe Stunde auf dem Trampolin sporteln – oder etwas anderes Schweißtreibendes innerhalb Ihrer vier Wände tun.

Einige der Yoga-Lehrer nennen die frühmorgendliche Yoga-Praxis »eine Kröte essen«. Sie lieben eigentlich Yoga, sie wissen, wie gut es ihnen tut – aber selbst diese Yoga-Profis kostet es einige Überwindung, das warme Bett zu erbärmlich früher Stunde zu verlassen und sich dann, »ganz entspannt«, auf die Matte zu hocken. Tun Sie es trotzdem!

Es gibt uns einen ungeheuren Schub, wenn wir beim Frühstück schon die größte Überwindung des Tages hinter uns haben. Man startet den Tag im Gefühl, etwas geleistet, etwas für sich getan zu haben – und versorgt sich mit dem Kick, den Sport in jeder Form beschert.

Ob Sie die Turnschuhe schnüren, zu einer Latin-Dance-Fitness-DVD tanzen oder eine halbe Stunde auf dem Trampolin laufen: Tun Sie es wenigstens jeden zweiten Morgen. Genießen Sie diese Zeit ganz für sich – und genießen Sie die Kraft, die Sie anschließend erfüllt.

Was gestresste Mütter brauchen

Man kann sich vortrefflich mit Kinderärzten und Hausärzten über Nahrungsmittelergänzungen streiten. Mag sein, dass der Körper Stoffe besser verwertet, die er mit der Nahrung oder aus natürlichen Quellen wie dem Sonnenlicht aufnimmt. Wer da recht hat, ist noch nicht endgültig geklärt. Tatsache ist, dass unsere Lebensumstände und unsere Nahrungsmittel oft nicht die Vitamine und Spurenelemente hergeben, die wir auf »natürlichem Wege« täglich aufnehmen müssten.

Ich stelle Ihnen ein paar Vitalstoffe vor, die besonders dafür zuständig sind, dass wir voller Elan sind, oder die unser Immunsystem dabei unterstützen, Krankheiten abzuwehren. Beides für Mamas entscheidend!

Sie können Ihr Blutbild untersuchen lassen, um festzustellen, ob Ihnen etwas fehlt (Eisen zum Beispiel). Bei einigen Stoffen wie etwa Kalzium sind Bluttests nach Meinung der Ärzte, mit denen ich gesprochen habe, aber nicht aussagekräftig. Sofern Sie nicht Fäuste voll Tabletten schlucken, würde ich nach und nach Ergänzungen für zwei bis drei Monate ausprobieren und schauen, womit es Ihnen besser geht. Ein natürlicher Stoff, der einige der folgenden Vitalstoffe enthält, ist übrigens Maca.

Für Mamas interessante Nahrungsergänzungsmittel sind:

* Jodid – um die 100 Mikrogramm pro Tag, morgens eingenommen
* Eisen – am besten in Kombination mit Vitamin C zu sich nehmen; eventuell als Saft, falls Sie von Tabletten Beschwerden bekommen
* Kalzium und Magnesium im Gleichgewicht
* Eiweiß
* Vitamin D – besonders in den ersten Monaten des Jahres sind unsere Vitamin D-Vorräte erschöpft

Auf www.land-der-abenteuer.de/vitamine-fuer-mamas finden Sie detaillierte Tipps zu diesen Vitalstoffen.

Traumreisen

Lassen Sie sich die Traumreisen aus diesem Buch von einer Freundin oder einem (älteren) Kind vorlesen. Auf das Zeichen ••• sollte eine längere Pause folgen, damit Sie die Bilder im Kopf genießen und in Gedanken weiter ausschmücken können.

Sie können die Traumreisen über ein Headset in den Computer einlesen – zum Beispiel mit *GarageBand* auf dem Mac oder dem Gratis-Programm *Audacity* für Mac/PC. Beide Programme können die Traumreise als MP3 exportieren, die Sie dann in iTunes anhören und auf einen MP3-Player schieben können.

Damit Traumreisen richtig wirken, sollte das Licht im Raum nicht zu grell sein – aber auch nicht so schummrig, sodass Sie gleich einschlafen.

Nehmen Sie sich einen Moment Zeit, um bewusst zur Ruhe zu kommen. Die Aufforderungen zu Beginn jeder Traumreise sollen dazu dienen, den Atem bewusst zu beobachten, die Fäuste und Beine anzuspannen etc.

Besonders bei längeren Traumreisen ist es wichtig, sich nach Abschluss der Reise wieder im Alltag zu verankern. Es genügt, ein Glas Wasser zu trinken oder einen Happen zu essen … Ich finde, mit Kindern im selben Raum wird man meist ohnehin viel zu früh in die Realität zurückgeholt. Genießen Sie also die Reise und lassen Sie sich für ein paar Augenblicke entführen.

Traumreise Wasser

Entspannen mit dem Element Wasser können Sie auf dieser geführten Traumreise.

Lassen Sie sich den Text vorlesen oder nehmen Sie ihn auf einem Gerät auf, indem Sie ihn langsam laut vorlesen, zum späteren Abspielen geeignet.

Schließ deine Augen.
Liegst du entspannt?
Beweg dich ein wenig, bis du vollkommen wohlig
liegen kannst.
Lass den Boden oder den Stuhl das ganze Gewicht
deines Körpers tragen.

Atme tief ein • • •. Und aus • • •.
Noch einmal: Atme tief ein • • •. Und aus • • •.
Atme ruhig weiter, so, wie es dir angenehm ist.
• • •
Spüre den Atem wie warmes Wasser durch deinen
Körper fließen.
• • •
• • •
In der Ferne hörst du ein sanftes Rauschen von Wellen.
Langsam kommt das Geräusch näher.
• • •
Du spürst Sand unter deinen Füßen.
Wenn du hochschaust, siehst du, dass du auf einem
weiten und lang gestreckten Sandstrand stehst.
Außer dir ist niemand hier.
Du hast das alles für dich allein: Weichen Sand,
Muscheln und Kieselsteine, das türkisblaue Meer ...

…

Schmecke die Luft. Ein Hauch von Salzwasser umweht dich. Der unverwechselbare Sommer-Geruch von Tang, der in der Sonne trocknet.

…

Beweg die Füße. Lass sie durch den Sand kreisen. Spürst du, wie warm sich der Sand unter deine Füße schmiegt? Wie die Körnchen dich zwischen den Zehen sanft kitzeln.

…

Das Rauschen der Wellen ist jetzt deutlich zu hören. Mit enormer Kraft brechen sie sich auf dem Strand. Ihr Rhythmus ist wie ein langsamer Herzschlag: Shhhhhhhhh – – – – pfffff – – – – shhhhhhhhh – – – – pfffff.

…

Passe deinen Atem dem langsamen Rauschen der Wellen an.
Dein Einatmen ist wie die friedliche Woge, dein Ausatmen ist das weiche Donnern, wenn sich die Wellen zurückziehen.

…

…

Schaue auf das Meer hinaus. Was siehst du?
Vielleicht liegt es türkisblau und glatt vor dir?
Oder magst du Wellen und sie wogen vor dir auf, laden dich zum Schwimmen und Spielen ein?

…

Du entdeckst einen Schwimmsteg im seichten Wasser. Es ist ganz leicht, zu ihm zu waten und hinaufzuklettern.
Er ist nirgends vertäut – wenn du ein wenig stram-

pelst, wirst du ihn aufs offene Meer hinausschieben können.
Such dir aus, wo du dich lieber vom Wasser schaukeln lässt: in der Bucht oder weiter draußen im Meer.
• • •
Der Steg ist aus Holz und ganz sicher.
Du legst dich auf den Rücken und lässt dich sachte treiben.
Die Sonne streichelt deine Haut.
Du spürst das warme glatte Holz des Stegs in deinem Rücken.
Werde ganz still und lausche den Geräuschen.
• • •
Lass dich jetzt eine Weile vom Meer sanft schaukeln und entspann dich in der Wärme.
Komm ganz ins Fließen. Werde ganz weich.
(• • •… etwa eine Minute Zeit geben)
Komm jetzt ganz langsam zurück in deinen Körper.
Strecke dich ein wenig.
Gähn, wenn du magst.
Komme ganz in deinem Körper an.
Öffne langsam die Augen.
Willkommen zurück.

Trinken Sie ein Glas Wasser, um wieder vollständig in die Gegenwart zurückzukehren.

Wach ohne Hektik

Ein bisschen Frische in der Tasse ist ein Super-Start in den Tag. Ich habe André von der Firma 5 *Cups and some Sugar* in Berlin (www.land-der-abenteuer.de/5cups) nach Tee-Tipps für gestresste Mütter befragt. Sein Vorschlag: »Das Koffein im Tee wird langsamer vom Körper aufgenommen, daher erlebt man so kurze, aber heftige Push-Zustände wie mit Espresso nicht. Der Tee wirkt etwas flacher, dafür aber länger. Du bist einfach wach, nimmst das aber nicht als Unruhe wahr. Dafür eignen sich unsere grünen und schwarzen Tees sehr gut. Wer mag, kann sich von uns noch ein klein wenig Mate mit hineinmischen lassen. Etwas Frisches (Zitronengras) oder Süßes (Cranberry, Kokos oder Südseefrüchte) dazu und jede Mama hat einen wunderbaren Tee für den Start in den Tag.«

So geht's: Aus einem Sortiment von Basis-Tees (grün, schwarz, Frucht, Kräuter) sucht frau sich bei 5 *Cups* etwas aus und mischt dann weitere Zutaten dazu, ganz nach Vorliebe. Der Endpreis bleibt derselbe, ob man zehn Zutaten oder zwei zusammenmischt. Und der »Mixer« auf der Webseite ist sogar intelligent und macht Vorschläge, in welcher Gewichtung die ausgesuchten Zutaten lecker schmecken können. Wer's einfacher mag, kann auch eine der vorgefertigten Mischungen aussuchen. Dann noch dem Tee einen eigenen Namen geben (wenn Sie mögen) und bestellen. Keine Sorge: Das hier ist eine echte Empfehlung. Ich tue das aus freien Stücken – weil ich die Idee toll finde und möchte, dass es 5 *Cups* noch lange gibt, damit ich weiterhin meinen grünen Tee mit Südseefrüchten und Vanille mischen kann.

Traumreise Luft

Entspannen mit dem Element Wind können Sie auf dieser geführten Traumreise.

Lassen Sie sich den Text vorlesen oder nehmen Sie ihn auf einem Gerät auf, indem Sie ihn langsam laut vorlesen, zum späteren Abspielen geeignet.

Schließ deine Augen.
Liegst du entspannt?
Beweg dich ein wenig, bis du ganz entspannen kannst.
Lass den Boden oder den Stuhl das ganze Gewicht deines Körpers tragen.

Atme tief ein •••. Und aus •••.
Noch einmal: Atme tief ein •••. Und aus •••.
Atme ruhig weiter, so, wie es dir angenehm ist.
Spüre den Atem warm durch deinen Körper fließen.
Er streicht warm und zärtlich durch deine Schultern und in deine Arme.
•••
Er streicht durch deinen Oberkörper, hinunter in den Bauch. Lockert ein Bein, einen Fuß.
Lockert das andere Bein und den Fuß.
Mit dem nächsten Ausatmen trägt dein Atem alle Anspannung aus dir heraus.
(Beim Vorlesen: Jetzt langsam einatmen – hhhhh. Und ausatmen: fffffff.)
•••
Es ist früh am Morgen. Nebel und letzte Streifen der Dämmerung liegen noch dicht an die Berge geschmiegt. Du stehst auf einem Weg im Tal.

Folge seinem Lauf Schritt für Schritt. Lass dich überraschen, wohin er dich führt.
...
Ganz allmählich steigt der Weg aus dem Tal in die Höhe.
Es geht ganz leicht, ganz mühelos die Steigung hinauf.
...
Der Nebel reißt auf.
Erste Sonnenstrahlen brechen durch die dichten Wolken und erhellen den Weg vor deinen Füßen.
Er führt dich durch ein Waldstück.
Bäume stehen links und rechts des Weges – wenn du die Hände ausstreckst, kannst du die weichen Blätter und Fichtennadeln berühren.
Ein leises Murmeln und Rauschen erklingt hoch über deinem Kopf.
Es ist der Wind, der die Bäume zärtlich zaust.
...

Als du den Wald hinter dir lässt, wird der Wind stärker.
Er ist warm und sanft, gerade so spürbar, wie es dir angenehm ist.
Je höher du wanderst, umso angenehmer wird die Luft und umso heller wird es.
Du steigst Schritt für Schritt den Pfad höher hinauf.
• • •

Ein Rückenwind schiebt dich die letzten Meter bis zur Bergspitze hinauf. Du bewältigst den steilen Anstieg ganz leicht.
Lass den Blick schweifen über das Panorama, das unter dir liegt. Was siehst du?
• • •

Vielleicht Wälder im Sonnenschein, Weiden, vereinzelte Bauernhöfe und Seen …
(• • • etwa 1 Minute Zeit geben)
Lass alle Gedanken los.
• • •

Du wirst ganz leicht.
• • •

Leicht und unbeschwert wie ein Vogel.
Wie eine Feder.
Breite die Arme aus.
Der Wind hebt dich empor.
Er lässt dich sicher über den Tälern kreisen.
• • •

Genieß die Schwerelosigkeit.
(• • • ein paar Minuten Zeit geben)
Wenn du auf den Boden zurückkehren möchtest, bewegst du leicht die Arme.
• • •

Spür den festen Boden unter deinen Füßen. Du stehst sicher.
Der Wind hat dir ein Geschenk gemacht:
Du stehst sicher, aber dein Körper und deine Gedanken sind noch ganz leicht und unbeschwert.
. . .
Kehre in deinen Körper zurück.
Lass die Augen noch einen Moment geschlossen und spüre der Schwerelosigkeit nach.
Öffne langsam die Augen.
Willkommen zurück.

Trinken Sie ein Glas Wasser, um wieder ganz in die Gegenwart zurückzukehren.

Yoga-Basics

Für Yoga benötigen Sie nur bequeme Kleidung und eine Matte. Sie sollte rutschfest sein und nach dem Ausrollen von selbst flachliegen. Die Dicke richtet sich nach dem Boden in Ihrer Wohnung. Tun Ihnen zum Beispiel die Knie beim Training weh, ist es Zeit, in eine dicke Matte zu investieren von einem Yoga-Versender, Preis ab 40 Euro aufwärts. Die Investition lohnt sich, da die Matte auch besser wärmt bei Bodenübungen und Sie außer Yoga ja auch Bauch-, Po- und anderes Training darauf machen können. Wir verwenden die Matte inzwischen auch als Notliege im Kinderzimmer, wenn unser Jüngster krank ist oder nicht gut schläft.

Es ist immer gut, zunächst einen Yoga-Kurs zu besuchen, wenn man mit den Übungen noch gar nicht vertraut ist. Aber ich weiß, dass sich das oft schlecht mit dem Alltag einer Mutter vereinbaren lässt. Wenn ein Kurs momentan beim besten Willen nicht möglich ist, dann legen Sie nicht einfach los, sondern suchen Sie sich sorgfältig die Anleitung aus. Gut ist ein umfangreiches Yoga-Buch; es kann aber auch ein Aufsteller, eine Kartenbox oder DVD für Anfänger sein. Eine kleine Auswahl finden Sie im Anhang. Die Positionen und Anleitungen sollten bildlich dargestellt sein und es sollten unbedingt Varianten für Anfänger gezeigt werden.

Individuelle Programme und Unterstützung erhalten Sie von ausgebildeten Yoga-Lehrern (Adressen zum Beispiel beim BDY, Berufsverband der Yoga-Lehrenden in Deutschland, www.yoga.de). Wenn Sie sich durch einen Kurs oder das Üben mit einer DVD eine Basis geschaffen haben, kann es sinnvoll sein, mit einer Yoga-Lehrerin eine Privatstunde zu vereinbaren. Sie soll für Sie, nach einem Vorgespräch, ein Übungsprogramm maßschneidern und in einer Stunde mit Ihnen mehrfach durchgehen. Scheuen Sie sich nicht, sie dabei mit dem Smartphone zu fotografieren oder zu filmen (nach Rücksprache), damit Sie zu Hause nachschauen können, welche Übungen Sie gelernt haben und wie die korrekte Haltung aussieht.

Mach mir die Katze

Der folgende kleine Yoga-Flow ist gut für Schreibtischhocker und generell für Menschen mit Rückenschmerzen. Flows sind die Verbindung von mehreren Yoga-Asanas zu einer Art »Tanz« – eine Position geht fließend in die andere über.

Kennengelernt habe ich diesen Flow beim Schwangerschafts-Yoga. Es sind ganz sanfte Bewegungen, die Ihren verkrampften Rücken wachkitzeln und leicht dehnen – machen Sie also lieber zu kleine als zu gewaltige Bewegungen. Und so geht's:

Knien Sie sich im Vierfüßlerstand auf die Yoga-Matte; die Knie stehen parallel zueinander, sind aber etwas geöffnet.
Die Hände liegen mit der Handfläche flach auf der Matte auf, Schultern und Hände in senkrechter Linie einander zugeordnet.
Rücken gerade, den Kopf in der Verlängerung des Rückens mit dem Gesicht nach unten halten. Das ist die Ausgangsposition.
Langsam einatmen und dabei einen Katzenbuckel machen, das Kinn dabei etwas in Richtung Brust führen.
Langsam ausatmen und dabei den Rücken in die entgegengesetzte Richtung runden, den Kopf etwas in den Nacken führen.
Langsam einatmen, wieder in den Katzenbuckel kommen …
Etwa zehnmal den Bewegungsablauf wiederholen.

Die Bewegungen sollten gleichmäßig fließen und nur als eine leichte Dehnung im Rücken zu spüren sein.

Zum Abschluss wieder mit geradem Rücken knien und langsam einatmen.
Ausatmen und dabei den rechten Arm links zwischen Arm und Knie hinausschieben, etwas mit der Schulter mitgehen. Schulter, Kopf und den rechten Arm ablegen. Einatmen, während Sie in der Dehnung verharren, ausatmen. Das ganze Gewicht an den Boden abgeben und entspannen.
Einatmen und in die Grundstellung zurückkommen.
Die Bewegung zur rechten Seite wiederholen: Linken Arm zur rechten Seite hinausschieben etc.

Auf www.land-der-abenteuer.de/yoga-entspannung finden Sie ein Foto von der Stellung, damit Sie es sich besser vorstellen können.

Der Dehnung können Sie in der Stellung des Kindes noch etwas nachspüren (siehe unten).

Schreiben: Den Anfang finden

Beim Wellness-Schreiben beginnt man meist mit dem, was einem unter den Nägeln brennt. Auch wenn Sie nicht stinkwütend sind, wie bei den »Ich hasse es!«-Listen, kommen doch gern die kleinen Dinge ans Licht, die an uns nagen. Vergessen Sie alle innere Zensur, die Ihnen einflüstert »Darüber schreibt man nicht« oder »Das ist doch banal!«. Nichts ist zu trivial oder zu »klein«, dass Sie nicht darüber schreiben könnten. Sie investieren nur zehn Minuten Ihrer Zeit – stellen Sie es sich als einen Schnappschuss mit der Kamera vor. Sie halten in den zehn Minuten erstmal fest, was Ihnen sofort »ins Auge« fällt. Erst mit dem vierten, fünften »Foto« nähern Sie sich den kleineren Details …

Zum Anstupsen suchen Sie sich einen ersten Satz aus:

* Ich finde es schwierig, anderen zu sagen, dass …
* Was mich neulich verletzt hat, war …
* Ich bin von mir selbst total enttäuscht, wenn ich …
* Ich wünschte so sehr, dass …

Sie können alle diese 10-Minuten-«Schnappschüsse» aufheben und nach einer Weile wieder lesen, um zu sehen, was Ihr Unterbewusstsein Ihnen sagen will. Sie können sie aber auch gleich nach dem Schreiben vernichten. Das Befreiende ist das Schreiben, nicht das Wiederlesen.

Düfte entspannen und erden

Nutzen Sie die Kraft der Düfte, um sich zu entspannen. Duft ist nicht gleich Duft: So sind Zitrusdüfte anregend, Lavendel beruhigend. Aber die Unterscheidung geht noch weiter – wussten Sie, dass für Mamas mit Stress besonders Düfte mit Kopf-Herznoten und Basisnoten wohltuend sind?

Kopf-Herznoten

Düfte aus dieser Klasse wirken emotional ausgleichend und anregend zugleich. Zu den Kopf-Herznoten zählen zum Beispiel Nanaminze, Ingwer, Lorbeer, Douglasfichte, Kiefernnadel.

Basisnoten
Diese erhält man meist mit Hölzern und anderen langsam verdampfenden Düften. Das berühmte arabische Oud (Adlerholz), Tonkabohne, Vanilleextrakt, Vetiver, aber auch Karottensamenöl gehören in diese Kategorie, die ausgleichend und erdend wirkt.

Kauf und Verwendung
Kaufen Sie immer 100 % reine ätherische Öle. Das ist teurer, als mal eben im Drogeriemarkt etwas einzupacken. Dafür können Sie sicher sein, dass keine synthetischen Zusätze enthalten sind, die Sie eventuell nicht vertragen. Sie können die reinen ätherischen Öle auch vielseitiger einsetzen, zum Beispiel ein paar Tropfen in Sahne gelöst als Badezusatz oder in einem selbst gemachten Massageöl. Dafür eignen sich keine preiswerten Öle, die nur für die Duftlampe hergestellt worden sind!

In größeren Bioläden oder Bio-Supermärkten können Sie an Ölen vor dem Kauf schnuppern. Achtung: Ätherische Öle immer nur stark verdünnt auf die Haut geben!

Wer sich nicht entscheiden kann, kann auch auf fertige Mischungen zurückgreifen. Sehr schön sind zum Beispiel die »Clear Mind«- und »Energy«-Duftmischungen von Primavera, zum Anregen. Zum Runterkommen zum Beispiel »Relax« oder »Ganz entspannt«. Bei einigen Anbietern gibt es die Düfte pur (zum Selbermixen oder für die Duftlampe) oder als Roll-on für die Haut. Probieren Sie aus, welche Variante Ihnen am schnellsten hilft.

In einer Duftlampe oder einem elektrischen Diffuser erhitzt, verdampfen die Öle unterschiedlich schnell. Am schnellsten wirksam, aber auch verflogen sind die anregenden Düfte wie Orange oder Nadelöle; am langsamsten werden Öle mit Basisnoten an die Luft abgegeben. Hier dauert das Verdampfen bis zu fünf Stunden. Zur Sicherheit Ihrer Kinder verwenden Sie am besten einen Duftstein (Öl immer auf die Unterseite träufeln, um Verfärbungen zu vermeiden) oder eine elektrische Duftlampe (wahlweise mit Wasser oder mit Licht). Wenn Sie merken, dass Ihnen Aromatherapie guttut, könnten Sie sich eine der modernen und wirklich schönen elektrischen Duftlampen schenken lassen.

Ich bin kreativ.

Im Sommerwind …

Schreib darüber, im offenen Cabrio bei sommerlichen Temperaturen eine Landstraße entlangzufahren.
Du sitzt am Steuer – oder auf dem Beifahrersitz, wenn dir das lieber ist. Vielleicht magst du heute auch auf einem Pferderücken sitzen? Es ist deine Fantasie – mal dir alles so aus, wie es dir gefällt.
Wo fährst/reitest du entlang?
Läuft der Weg schnurgerade zum Horizont?
Oder schlängelt er sich eine Küste entlang?
Hörst du in der Ferne das Meer rauschen?
Ein warmer Wind streichelt dein Gesicht …

Sonnengruß

Beim »Sonnengruß« aus dem Yoga handelt es sich um eine Sequenz von Übungen, die sofort einen Energieschub bringt und auch gut gegen Periodenschmerzen bzw. PMS hilft. Als schöner Nebeneffekt wird der Trizeps trainiert.

Eine Beschreibung mit Fotos finden Sie auf www.land-der-abenteuer.de/sonnengruss. Hier sehen Sie ein paar Varianten, die »Sonnengruß«-Anfängern das Leben leichter machen. Sie können auch einer vereinfachten Form auf einer DVD (zum Beispiel von Ralf Bauer, siehe Anhang) folgen. Vielleicht brauchen Sie etwas Geduld mit sich: Da der »Sonnengruß« keine einzelne Position ist, sondern es sich um mehrere handelt, braucht man ein paar Wochen, um die Abfolge so zu verinnerlichen, dass man nicht mehr in einem Buch oder auf einer DVD spicken muss.

Machen Sie so viele »Sonnengrüße« hintereinander, wie Sie möchten/können. Ein Richtwert ist drei für die ersten Wochen und fünf bis zehn, wenn Sie die Abfolge schon gut beherrschen. Drei »Sonnengrüße« dauern etwa zwei Minuten. Espresso ist nichts gegen den Effekt von ein paar »Sonnengrüßen«! Das ist zwar toll, aber üben Sie am besten morgens oder am Nachmittag, nicht unbedingt abends.

Probieren Sie es aus: Manche schlummern entspannt nach ein paar Runden »Sonnengrüßen«, andere liegen schlaflos im Bett wegen des »Espresso-Effekts«.

Rituale

Gerade für Mütter ist es wichtig, ihre spirituelle Seite nicht verkümmern zu lassen – oder sie überhaupt zum ersten Mal zu entdecken. Keine Sorge, Sie sollen nicht den Vollmond anbeten (können Sie aber) oder nackt im Kreis durchs Gras hüpfen, sondern kleine spirituelle Momente in Ihren Alltag einbauen. Das gibt Kraft, das macht den Kopf frei und tut Ihnen einfach richtig gut.

Probieren Sie Verschiedenes aus und wenn Sie etwas gefunden haben, das Ihnen gefällt, setzen Sie es auf Ihre Seelenstreichler-Liste (siehe unten).

Wichtig ist, sich tatsächlich täglich die drei, fünf oder zehn Minuten Zeit zu nehmen und innerlich ganz still zu werden. Einmal am Tag ist schon wunderbar.

Manches kann man mit den Kindern zusammen machen. Auch ihnen tut jeder Moment Besinnlichkeit außerhalb der Weihnachtszeit gut. Besonders jene Dinge, die mit Feuer, Qualm ... einhergehen, funktionieren mit ihnen sehr gut, da sie das Versprechen auf Mithilfe bei dem »gefährlichen« Spiel ganz andächtig werden lässt. Am besten vorher ankündigen, *dass* das Kind etwas machen darf und *was genau* (»Du darfst die Kerze auspusten« oder »Du kannst gleich den Rauch verwedeln«), und gleich hinzufügen, dass »wir jetzt aber erst mal ganz still sein müssen. Ich sage dir dann Bescheid, wenn du helfen kannst.«

Ich versuche, beides in meinen Alltag einzubauen: Rituale mit Kindern und Rituale ganz für mich allein. Ein Ritual ohne Kinder fühlt sich sehr »erwachsen« an – und das ist etwas, das Sie jeden Tag genießen sollten.

Was können Sie tun?

* Räucherstäbchen anzünden
* Kristalle in die Hände nehmen und mit geschlossenen Augen auf sich wirken lassen
* Eine Kerze oder mehrere Kerzen anzünden. Die Entscheidung über Anzahl und Material bzw. Farbe der Kerzen ist schon Teil des Rituals. Sie können zum Beispiel Bienenwachs verwenden oder auch duftende/gefärbte Sojawachskerzen im Glas – zu beziehen über Dawanda oder Etsy beispielsweise.
* Sich am Abend nach dem Abendessen oder vor dem Schlafengehen zehn Minuten in den dunklen Garten setzen (der Balkon tut's auch, wenn Sie ihn als einen Rückzugsort gestaltet haben)
* Ein Regalbrett als »Altar« einrichten und immer wieder neu dekorieren (ein paar Trommelsteine oder Fundstücke aus dem Wald genügen, dazu vielleicht ein schöner Aufsteller mit Fotos)
* Ein Jahreszeiten-Brett dekorieren (es kann auch einfach eine Ecke des Sideboards im Flur sein). Das kann man auch im übertragenen Sinne verstehen. Ich habe zum Beispiel während meiner Uni-Jahre jedes Mal in der Prüfungszeit den Jahreszeiten-»Altar« umdekoriert zu einem »Kampf-Schrein«. Es macht Spaß und ist Ihr kleiner privater Scherz, sich für verschiedene Gelegenheiten (Schwiegermutter-Besuch voraus!) die passenden Kraft-Objekte für den Altar auszusuchen.
* Wie wär's mit einem Altar passend zu Ihrem Traumboard? Er lässt sich zum Beispiel mit Figuren, die Yoga machen oder meditieren, bestücken oder mit einer Frau, die ein Baby im Arm trägt, wenn Sie sich

ein zweites Kind wünschen. Schöne kleine (Fimo-) Skulpturen finden Sie wieder bei Dawanda oder Etsy.
* Sich von Büchern mit Ritualen inspirieren lassen (siehe Anhang)

Lassen Sie sich bei der Dekoration ganz von Ihrem Gefühl leiten. Führen Sie die kleine Handlung bewusst aus und lassen Sie eine innere Stille zu.

Hier möchte ich mal hin!

Träume und Ziele, die über die Kinder hinausreichen, sind das, was uns sofort dem Nur-Mama-Dasein entreißt, wenigstens für ein paar Minuten.

Spüren Sie Ihren Sehnsüchten nach! Zu den Ideen, die Sie beim Schreiben aufspüren, können Sie immer wieder zurückkehren – schmücken Sie sie schriftlich aus, legen Sie ein Traumboard an, malen Sie sie.

Nehmen Sie den Stift und schreiben Sie drauflos: *Hier möchte ich mal hin!*

Wenn Sie genug geträumt haben, überlegen Sie, ob Sie diese Sehnsucht in die Tat umsetzen wollen und in welchen kleinen Schritten das funktionieren könnte. Vielleicht sogar mit Kindern.

Möglicherweise stellen Sie überrascht fest: Wenn man die Sehnsuchtsidee etwas abspeckt, gibt es vielleicht die Möglichkeit, jetzt schon etwas von ihr in die Realität umzusetzen.

Gleichschritt ade!

Viele Frauen beklagen das beklemmende Gefühl des immergleichen Trotts. Da mag das Leben noch so hektisch und voller Verpflichtungen sein – letztlich sei es nur *Stress* und immer, immer dasselbe.

Fangen Sie ganz klein an, mehr Abwechslung in Ihr Leben zu bringen. Werden Sie bei Alltäglichkeiten viel, viel mutiger! Probieren Sie ungewöhnliche Rezepte, Ernährungsformen, Kosmetik aus, swaken Sie Ihre Zähne sauber (siehe auch: http://www.land-der-abenteuer.de/

swaken), laufen Sie barfuß, tragen Sie Zipfel (Goa ist nicht weit) oder Steampunk auf offener Straße, schmieren Sie sich Kokosöl ins Haar …

Ignorieren Sie Kommentare wie: »Oh Gott, wie kann man denn nur Gemüse zum Frühstück essen, sich Bananenpüree ins Haar schmieren …« Ja, um Himmels willen, warum denn nicht? Das Leben ist zu kurz, um sich vorschreiben zu lassen, was sich gehört und was nicht und es wird viel bunter, wenn man mal die linke und mal die rechte Weggabelung ausprobiert.

Waschen Sie sich mit Bio-Honig, verwenden Sie mal ganz andere Farben im Gesicht oder bei der Kleidung, essen Sie zum Frühstück Babyspinat-Blätter mit Erdbeeren püriert oder Grünkohl (roh, tiefgefroren) mit Aprikosen … Was, Sie schütteln sich schon? Das ist doch schon mal besser, als immer nur auf Autopilot zu wandeln! Nehmen Sie sich vor, jeden Tag wenigstens eine neue Sache auszuprobieren und sei sie noch so unbedeutend.

Anregungen für das Kreative Schreiben

In diesem Buch finden sich viele Anregungen zum Schreiben. Der englische Begriff für diese Aufgaben aus dem Kreativen Schreiben oder Wellness-Schreiben lautet *writing prompt*.

Ein *prompt* ist ein Stichwort, das zum Beispiel der Souffleur beim Film oder Theater gibt, damit die Schauspielerin zurück in ihren Text findet. Genauso soll ein *writing prompt* auch funktionieren: Es handelt sich bei ihm um einen kurzen Anstupser, meist recht allgemein gehalten, der Ihnen nur ganz vage die Richtung vorgibt, in die das Schreiben für die nächsten fünf bis zehn Minuten Sie führt. Beim Lesen des Stichworts stutzt man oft im ersten Augenblick und kann nichts damit anfangen. Nach ein paar Versuchen versteht man jedoch recht schnell, wieso es viele Menschen gibt, die sich täglich im Internet neue Schreib-Prompts suchen. Denn man investiert nur wenige Minuten seiner Zeit, erhält aber interessante Einblicke in das eigene Seelenleben oder hat auf einmal wieder (schöne) Situationen plastisch vor Augen, die man schon längst vergessen zu haben glaubte.

Wichtig: Nach 30 Minuten Schreibzeit immer den Stift weglegen! 20 Minuten Schreibzeit pro »Sitzung« ist die ideale Länge; zehn Minuten sind auch okay. Bei allem, was darüber hinausgeht, besteht die Gefahr, sich »leer« zu schreiben (was eher erschöpft) oder in eine negative Stimmung abzurutschen.

Aufbewahren oder nicht?

Wenn es Ihnen heikel erscheint, die Aufzeichnungen zu verwahren (zum Beispiel bei nicht gerade positiven Überlegungen über Ihren Partner/Ihre Familie), dann vernichten Sie guten Gewissens die Seiten nach dem Schreiben. Sie können sie rituell verbrennen oder schreddern, aber auch ganz simpel im Restmüll versenken.

Die Schreibforschung weiß: Was sich positiv auf unsere Stimmung und Verfassung auswirkt, ist einzig und allein *der Akt des Schreibens*, nicht das Verwahren oder erneute Lesen! Ganz im Gegenteil sogar.

Das wiederhole ich gern, weil die Leute es immer nicht glauben können. Es gibt zum therapeutischen Schreiben verschiedene Studien, die das belegen. In einer hat man Studienteilnehmer mit unsichtbarer Tinte schreiben lassen, und es hat sich der gleiche positive Effekt auf Psyche und Körper (!) eingestellt wie bei denen, die mit normalen Stiften geschrieben haben.

Auch wichtig zu wissen: Vergangene Aufzeichnungen wiederzulesen, kann sich sogar negativ auswirken – weil man wieder in die angespannte Situation gezogen wird.

Den Schreibfluss aus sich herausfließen zu lassen und sich für maximal eine halbe Stunde auf dem Papier so richtig auszuk... wirkt sich hingegen *immer positiv* auf die mentale und körperliche Wellness aus. Es spricht also vieles dafür, quasi für den Papierkorb zu schreiben – es schreibt sich viel befreiter, wenn man weiß: »Das wird nie wieder jemand lesen, auch ich nicht. Keiner dreht mir aus den Wahrheiten, die ich hier aufschreibe, je einen Strick.«

Ich gehe liebevoll mit mir um.

Energie!

»Energie!« sagt Captain Picard auf der Enterprise und los geht's. Wenn's für Mamas nur auch so einfach wäre!

Da wir noch keine Warp-Spule eingebaut haben, müssen wir uns unsere Energie selber machen. Zum Beispiel mit der richtigen Grundversorgung unseres Körpers. Oder mit einer Yoga-Übung.

Suchen Sie sich aus den folgenden eine Yoga-Asana (eine Haltung) aus und machen Sie sie *gleich jetzt*.

Und in einer Stunde die nächste. Bleiben Sie bei jedem Training für fünf Atemzüge in der Haltung – fertig.

Ignorieren Sie es, wenn Sie währenddessen bekrabbelt oder mit Stofftieren beworfen werden. Zumindest ich bin für meinen Jüngsten anscheinend hochattraktiv als Kletterobjekt, während ich Yoga mache.

Asanas, die Energie bringen

* Der Sonnengruß – wirkt wie ein fünffacher Espresso, ohne die Nebenwirkungen.
* Vorwärtsbeuge mit gegrätschten Beinen (siehe das Foto auf www.land-der-abenteuer.de/yoga-energie-vorwaertsbeuge)
* Frosch – die Kinder werden es lieben (siehe das Foto auf www.land-der-abenteuer.de/yoga-energie-frosch)
* Die Baumhaltung
* Die innere Heldin entdecken
* Die Brust befreien

Mittags und am Nachmittag – Tagsüber auftanken

Wann auch immer Ihre Kinder nach Hause kommen, Zeit für Sie allein dürfte eher rar sein. Sie können sich trotzdem mit Wellness und Fürsorge verwöhnen, ob beim Essen, bei kreativen Pausen oder einer kurzen Traumreise.

Tu deinem Leib etwas Gutes,
damit deine Seele Lust hat,
darin zu wohnen.

Teresa von Ávila

Der Zen-Lunch

In Familien mit Kindern geht es zu wie auf einem Bahnhof. Sogar zur Mittagszeit, wo wir doch eine Pause einlegen könnten. Essen Sie heute nur einen leichten Snack. Begeben Sie sich dann an einen Ort in der Nähe Ihres Arbeitsplatzes (für Mütter mit Kind zu Hause: in ein Zimmer), wo Sie zehn Minuten meditieren oder einfach nur Ihre Gedanken schweifen lassen können. Selbst in quirligen Vierteln gibt es meist einen Park, eine Kirche oder zur Not auch ein menschenleeres Geschäft mit einer leeren Umkleidekabine (ich gebe zu, nicht besonders sexy, aber effektiver, als man vermutet). So kommen Ihre Gedanken bald zur Ruhe. Mit Kind zu Hause können Sie die »Meine Ecke um die Ecke«-Strategie nutzen oder die Mittagsschlafzeit Ihres Kindes.

Das Gesicht erfrischen

Kleine Erfrischungen zwischendurch wecken die Lebensgeister. Geeignet für alle Mütter, die kein Make-up tragen. Alle anderen können diesen Toner abends nach dem Abschminken anwenden oder morgens.

So geht's:
Einen grünen Tee, zum Beispiel Sencha oder Gunpowder, aufbrühen und fünf Minuten ziehen lassen. Zwölf Esslöffel in eine saubere Flasche füllen (zum Beispiel eine spülmaschinenfeste Dressing- oder Sprühflasche). Vier Esslöffel guten Apfelessig dazugeben und gut schütteln. Bis zu zwei Wochen im Kühlschrank lagern

und ein- bis zweimal am Tag etwas von dem Toner mit einem Wattebausch über das Gesicht streichen. Der Grüne Tee bringt Antioxidantien und entzündungshemmende Stoffe mit und beruhigt die Haut. Der milde Apfelessig hilft, den Schutzmantel der Haut zu regenerieren.

Die Mischung lässt sich leicht abwandeln, bis sie perfekt zu Ihrer Haut passt: auch kühler, grüner Tee ganz ohne Essig ist zum Beispiel ein wunderbarer Toner. Wer mag, kann auch ein paar wenige Tropfen ätherisches Öl dazugeben, zum Beispiel Lavendel.

Sport am Esstisch

Dehnen und entspannen Sie doch mal Ihren Rücken und Ihre Schultern, während Ihr Nachwuchs in den Spaghetti wühlt.

Setzen Sie sich vorn auf die Stuhlkante. Die Arme nach oben anwinkeln, der Ellbogen sollte einen 90-Grad-Winkel zum Körper bilden. Rücken gerade und aufrecht halten, während Sie sich ein Stückchen nach vorn lehnen. Jetzt die Schulterblätter zueinander ziehen und den 90-Grad-Winkel der Arme halten, während Sie den Oberkörper ganz langsam nach rechts und dann nach links bewegen. Ein paar Mal wiederholen, wie es Ihnen angenehm ist.

Ebenfalls gut, um Verspannungen im Rücken zu lösen, sind zwei Varianten des Yoga-Drehsitzes.

1. Variante. Auf die Stuhlkante setzen, Rücken gerade und aufrecht. Der linke Arm liegt auf dem rechten Oberschenkel und hält sich an der Außenkante leicht fest.

Den rechten Arm führen Sie hinter Ihren Rücken. Schauen Sie nach rechts und drehen Sie sich dem Arm folgend – das Becken dreht sich aber nicht mit! Mit der anderen Seite wiederholen.

2. Variante: Setzen Sie sich quer zur Sitzfläche auf einen Stuhl ohne Armlehnen. Ihre rechte Körperseite berührt die Stuhllehne. Drehen Sie sich nach rechts, so dass Sie die Lehne mit beiden Händen umfassen können. Das Becken dreht sich nicht mit, während Sie vorsichtig mit links die Stuhllehne heranziehen und mit rechts wegschieben. Die Schultern dabei sinken lassen und auf einer Höhe halten. Wieder gerade hinsetzen und auf der linken Seite wiederholen.

Mit den Elementen entspannen

Feuer, Wasser, Matsch, Luftballons, Windrädchen ... Kinder zieht es wie magnetisch zum Arbeiten mit den Elementen hin – und Mütter können davon nur lernen. Mit puren Elementen zu arbeiten, quasi Ritualarbeit, entspannt und gibt neue Kraft.
Jedes Element hat seinen Platz und seine besondere Wirkung – probieren Sie aus, wann Sie besser mit Wasser arbeiten (es wäscht negative Gedanken und Belastungen weg), mit Erde (sie heilt und beruhigt), mit Wind (gut, um den Kopf freizubekommen) oder mit Feuer (es befreit und tröstet). Im Register finden Sie jedes Element mit den entsprechenden Seitenangaben der dazugehörigen Tipps.

Ungesagtes, das unter der Zunge schlummert

Schreiben Sie über das, was bisher ungesagt unter Ihrer Zunge schlummert.

* Was dürfen Sie keinem sagen?
* Was mögen Sie keinem sagen?
* Was müssen Sie immer herunterschlucken?

Schreiben Sie zehn Minuten wie eine Wilde, krakelig, mutig. Dann nehmen Sie eine feuerfeste Unterlage und verbrennen das Geschriebene. Nutzen Sie die Kraft des Feuers, um den Geheimnissen ihre Macht über Sie zu nehmen.

Schaffenspause

Die Therapeutin Gina Rafkind empfiehlt, mitten am Tag einen »Creation Break« – eine Erschaffens-Pause – einzulegen. Malen, kneten und schreiben helfen dabei, den Kopf schnell wieder freizublasen. Probieren Sie es mal aus.

Manche Mütter können so »richtig« kreative Techniken nicht mit Kindertrubel vereinbaren. Ist das bei Ihnen auch so, überlegen Sie, welche anderen (Er-)Schaffens-Pausen Ihnen Spaß machen könnten. Vielleicht ein kreatives Foto schießen – mal nicht von den Kindern, sondern von Ihnen selbst? Vielleicht etwas backen? Mitten am Nachmittag etwas Ausgefallenes fürs Abendessen vorkochen? Sie können auch (mit den Kindern) am Computer kreativ werden – Lieder einsingen und vielleicht mit Stimmeffekten spielen, Fotos von einander knipsen und mit Gratis-Bildbearbeitungstools herumalbern. Zusammen einen Stop-Motion-Film kreieren (wie das geht, kapieren schon Fünfjährige, wenn Sie ihnen Beispiele auf YouTube zeigen). Für vieles gibt es schon (Gratis-)Apps fürs Smartphone. Sie können immer innerhalb von Sekunden kreativ werden – mit oder ohne Kinder.

Ich vertraue meiner inneren Weisheit.

Kindchen-Schema

Eine der Yoga-Übungen, die Balsam für alle Eltern am Rande der Nerven ist, heißt die »Stellung des Kindes«. Nach nur ein paar Minuten finden Sie mit dieser Übung zu innerer Ruhe und Balance zurück. Ebenfalls empfehlenswert: »Die Heldin« und alle Balance-Haltungen.

So geht die »Stellung des Kindes«:

Auf einer Matte knien, die Knie gut geöffnet.

Den Oberkörper auf den Oberschenkeln ablegen, bis der Kopf mit der Stirn auf der Matte ruht. Eventuell Kissen unterlegen.

Die Arme locker neben den Beinen nach hinten ausstrecken, mit leicht angewinkelten Ellbogen auf den Handrücken ablegen.

Durch die Beine hindurch nach hinten schauen.

Machen Sie es wie ein Kind: Was Sie jetzt nicht sehen, das gibt es auch nicht – kein Kindergeschrei, Trara … Atmen Sie bewusst ruhig. Alle Gedanken einfach kommen und gehen lassen. Langsam aufrichten und noch einen tiefen Atemzug nehmen.

Collagen – mit positiven Bildern spielen

Reißen Sie immer, wenn Sie ein ansprechendes Motiv sehen, das Foto aus der Zeitschrift und sammeln Sie es in einem Kistchen (im schwedischen Möbelhaus gibt's sehr schöne mit Stoff- oder Kunstlederbezug) oder speichern Sie sie aus dem Internet in einem Ordner speziell für diese Bilder ab. Sie können auch *Pinterest* zum selben Zweck verwenden – das lenkt nur so leicht ab.

Füße im Sand, ein grinsendes Baby, ein leeres Riesenzimmer mit wunderschönem Holzboden … sammeln Sie *alles*, was Sie anspricht, ohne zu hinterfragen, wieso Sie gerade dieses Fotomotiv schön finden. Auch gute Quellen für Collagen: *Pinterest* und *Flickr*. Gefundene Digitalfotos im Kleinformat auf Fotopapier selbst ausdrucken oder im Drogeriemarkt ausdrucken lassen und ebenfalls in die Kiste werfen.

In der Kürze liegt jetzt die Kraft: zehn Minuten kinderfrei? Ein Thema überlegen, zum Beispiel »Meine Traumwohnung« (oder auch »Traumhaus«). Mit einer Tasse Kaffee/Tee in der Hand, einem Bogen Fotokarton und der Kiste hinsetzen. Die Kiste durchwühlen und blitzschnell alle Motive, die für Sie in diesem Moment zum Thema passen, auf den Fotokarton legen. Der ist ruckzuck voll. Schieben Sie noch hin und her, bis es für

Sie ein harmonisches Ganzes ergibt. Thema auf einen Papierstreifen schreiben und über den Fotokarton legen. Das Ganze in gutem Licht und in hoher Auflösung mit dem Handy oder einer Digitalkamera abfotografieren. So hat man mit der Zeit eine kleine Galerie beruflicher Träume und Lebensträume im Computer gespeichert (evtl. auch auf *Pinterest*) und muss sich nicht die Arbeit machen, alle Zeitschriftenausrisse und Fotos aufzukleben. Ein weiterer Vorteil ist, dass man die Motive immer wieder neu zusammenstellen kann.

Zimt macht die Mama froh

Wenn's hart auf hart kommt, ist der Griff zum Kaffee doch schon fast fest einprogrammiert, oder? Ich kenne zumindest viele Mütter (mich eingeschlossen), die ziemliche Kaffee-Junkies sind. Ich glaube ja, dass außer der wohltuenden Wärme, der Zen-artigen Gleichförmigkeit des Kaffee-Zubereitens (quasi das Tee-Zeremoniell für Westeuropäer) noch eine andere Komponente hinzukommt: der Kick des »Nur-für-Erwachsene«.

Steigern Sie die positive Wirkung noch, indem Sie etwas gemahlenen, echten Zimt auf Ihren Kaffee streuen. Halten Sie die Nase dicht über die Tasse und atmen Sie mit geschlossenen Augen tief ein – mhmmm. Und noch einmal tief inhalieren. Jetzt verrühren Sie den Zimt und nehmen einen Schluck – in dem Wissen, dass hochwertiger Zimt nicht nur entspannt, sondern angeblich auch beim Abnehmen hilft. Nur bitte nicht überdosieren, das geht bei Zimt leider fix!

Zimt und Cassia-Zimt

Zimt ist nicht gleich Zimt. Was wir meist in fertig gekauften Lebensmitteln und im Gewürzregal des Supermarkts finden, ist Kassie-Zimt (Cinnamomum cassia) oder bestenfalls eine Mischung aus echtem Zimt (Cinnamomum verum) und Kassie-Zimt. Beide sind nicht miteinander verwandt und die positiven Wirkungen hat nur der echte Zimt! Der Kassie-Zimt enthält hohe Dosen Cumarin, dem man nachsagt, schon in geringen Dosen gesundheitsschädlich zu sein (bei Kleinkindern zum Beispiel alles über drei Zimtsterne täglich mit Kassie-Zimt). Achten Sie beim Kauf daher darauf, dass der Zimt zum Beispiel als »Ceylon-Zimt« deklariert ist und dass er von einer Firma stammt, der Sie zutrauen, nicht nur »Zimt« draufzuschreiben. Aufs Kleingedruckte zu achten lohnt sich, Ihrer Entspannung und Ihrer Gesundheit zuliebe.

Watteweiche Fluchten aus dem Alltag

Heute dürfen Sie einen Kurzurlaub aus der Realität machen. Suchen Sie sich ein Bild von einem Strand, einem Waldweg oder einem See aus (aus dem Internet oder einer Illustrierten) und schreiben Sie fünf bis zehn Minuten lang auf, wie Sie sich an jenem Ort fühlen würden.

Wenn Sie mögen, gehen Sie in Ihrem Text auf folgende Fragen ein:
* Wie ist die Temperatur? Wie fühlt sich die Luft an?
* Wo möchten Sie hingehen? Was möchten Sie tun?

* Was fällt Ihnen besonders auf? Finden Sie etwas/jemanden?
* Was können Sie hören?

P.S.: Was Sie auf einer solchen Gedankenreise finden, dürfen Sie behalten!

Die Luft klären

Vielleicht haben Sie schon den Begriff »Space Clearing« gehört. Es gibt verschiedene Methoden, um Räume von alten, unerwünschten Energien zu säubern. Besonders Müttern tut es gut, täglich wenigstens einmal mit Feuer zu spielen, also versuchen Sie es mal mit dieser Einsteiger-Variante. Herrlich praktisch sind die sogenannten *Smudgesticks* – getrocknete Kräuter, die zu einem festen Bündel zusammengebunden wurden.

Smudgesticks können Sie im Esoterikladen fertig kaufen oder auch über das Internet beziehen. Hier werden Sie sicher schnell fündig, wenn Sie unter »Kräuterbündel zum Räuchern« über Google oder eine andere Suchmaschine suchen. Basis ist meist *weißer Salbei*, da er Energien klärt und reinigt. Sehr effektiv und gut duftend ist auch die Beigabe von *Calendula* und/oder *Lavendel*.

Lose Räuchermischungen, Räucherstäbchen, Harzbrökchen etc. eignen sich nicht so gut zum Space Clearing, da man sich mit ihnen nicht unbesorgt durch die Wohnung bewegen kann. Man kann aber natürlich einen Raum nach dem anderen mit einem Räuchergefäß reinigen und jeweils von einem zentralen Punkt aus den Rauch verwedeln.

Und so geht das Räuchern mit einem Smudgestick:

Über einer Schale mit Sand (oder klassisch: einer großen, irisierenden Muschelschale) das Smudge-Bündel entzünden. Es brennt nur ganz kurz, dann sollte es verlöschen und nur noch qualmen.

Den Stick in der Muschelschale ablegen und diese bewegen, damit die Glut Luft bekommt. Den duftenden Rauch mit der anderen Hand oder einer Feder, einer Postkarte … in jede Ecke des Raumes wedeln und nach und nach in der ganzen Wohnung verteilen. Ist der Smudgestick sehr fest gebunden, kann man ihn auch in der Hand halten und bewegen. Achten Sie darauf, dass keine glimmenden Partikel wegwehen.

Wenn man sich auf das Räuchern einlässt, spürt man, wo noch etwas hartnäckig sitzt und im wahrsten Sinne des Wortes »ausgeräuchert« werden muss. Verlassen Sie sich auf Ihre Intuition, auch wenn es Ihnen beim ersten Mal seltsam vorkommt.

Sehr angenehm ist es auch, selbst durch den Rauch zu gehen, um sich befreit zu fühlen und schlechte Gedanken oder Erinnerungen zurückzulassen. Ist auch gut für einen Neustart mit Ihrem Kind nach einem Streit.

Wenn Sie das Gefühl haben, genug die Luft/Räume geklärt zu haben, drücken Sie den Smudgestick gründlich aus, damit er wirklich ganz erloschen ist.

Am besten das glühende Kopfstück mit Druck in Sand oder auf einem Stein (Vorgarten) hin- und herbewegen, wie man es beim Ausdrücken einer Zigarette macht. Den Rest des Bündels kann man für später verwahren.

Am besten funktioniert Space Clearing nach einer Runde Ausmisten und Putzen. Aber manchmal findet man dafür auch erst die Kraft, nachdem man gründlich durchgeräuchert hat. Probieren Sie es aus.

Ausmisten für die Kleinen

Kindern ab vier können Sie alle paar Monate eine kleine Kiste ins Zimmer stellen und sagen: »Pack mal hier rein, womit du gar nicht spielst oder was du nicht gern magst.« Sie werden über das Ergebnis erstaunt und vielleicht bestürzt sein. Machen Sie Ihrem Kind keine Vorhaltungen! Es ist nur ehrlich. Überlegen Sie, ob Sie die ungeliebten Geschenke von anderen weiterverschenken oder sie spenden können. Gut ist es, sie erstmal auf dem Dachboden verschwinden zu lassen zum Test, ob die Sachen wirklich so ungeliebt sind.

Das klingt jetzt nach einer großen Aktion. Aber wer täglich ein bisschen ausmistet und sich alle paar Monate ein Bermuda-Dreieck wie zum Beispiel den Kleiderschrank für ein paar Stunden vorknöpft, der verbringt tatsächlich nicht viel Zeit mit Ausmisten.

Was auf die Ohren geben

Eine sinnvolle Anschaffung für jede Mutter ist »Lärmschutz«, der beim Abschalten hilft. Zum Beispiel *Noise-Cancelling-Headphones* – zu Ihrer Beruhigung und aus Sicherheitsgründen mit »Talk-Through«-Funktion. Sie hören noch, wenn Sie gerufen werden, aber keine Waschmaschine und keine piepsende Playstation …

Oder *SleepPhones* – ein weiches Stirnband (erhältlich in verschiedenen Farben), in das sehr flache Kopfhörer eingearbeitet sind. Erfunden von einer Mutter, die als Ärztin im Schichtdienst arbeitet und tagsüber kaum Ruhe finden konnte, wenn ihr Mann mit ihrem Kind spielte. Ideal, um im Bett oder auf der Couch im Liegen (!) Musik oder eine Traumreise anzuhören, ohne dass etwas an den Ohren drückt.

Beide Accessoires sind nicht gerade günstig – vielleicht ein schönes Geburtstags- oder Weihnachtsgeschenk von Ihrer Familie?

Nimm mich in den Arm

Wir brauchen mindestens vier feste Umarmungen pro Tag fürs persönliche Glück, behaupten Forscher. Grund: Bei Umarmungen schüttet unser Körper Oxytocin aus. Dieses »Kuschelhormon« kennen Sie vielleicht noch vom Stillen. Gerade in stressigen Zeiten gilt: Je mehr Oxytocin, desto besser! Holen Sie sich Ihre tägliche »Ration« Umarmungen von Ihrem Partner, Ihren Kindern, Ihren Eltern – ja, die Schwiegereltern zählen auch. (Und: Beim Yoga können Sie sich auch selbst umarmen!)

Wasser und Duft zur Sofort-Entspannung

Vertrauen Sie der Kraft des Wassers, wenn Sie nur ein paar Minuten haben, um sich eine Auszeit zu gönnen. Halten Sie die Hände unter fließendes Wasser. Oder füllen Sie eine Schüssel mit einem halben Liter Wasser. Kühles Wasser regt an, lauwarmes Wasser entspannt – wählen Sie je nach Bedarf aus. Geben Sie dann etwa vier bis fünf Tropfen eines reinen ätherischen Öls in das Wasser und rühren Sie kräftig um. Welche ätherischen Öle eher erden und welche beflügeln, können Sie unter »Düfte« lesen.

Tauchen Sie ein kleines Gästehandtuch oder einen Waschlappen in die Schüssel, wringen Sie ihn aus und drücken Sie ihn für ein paar Minuten auf eine Körperpartie nach Wahl, zum Beispiel die Stirn, den Nacken, die Wangen oder das Dekolleté. Probieren Sie aus, was Ihnen angenehm ist. Auf Wunsch wiederholen. Streichen Sie am Schluss mit dem Tuch sanft oder kräftig beide Arme hinab (ein langärmeliges Shirt können Sie ja kurz hochkrempeln), um das kleine Wellness-Ritual zu beenden.

Meine Gedanken sind klar, ich fühle mich warm und entspannt.

Malen

Kaum etwas lässt unser Gehirn so gut abschalten wie das Malen – die positiven Effekte sind vergleichbar mit Meditation! Probieren Sie aus, welche Form Ihnen am meisten zusagt: satte Acrylfarben aufs Papier klatschen und mit den Fingern ineinanderstreichen, Mandalas ausmalen, mit wasservermalbaren Buntstiften zuerst zeichnen und dann das Gezeichnete in einen Traum aus sanften Aquarellfarben verwandeln … Nur Ihre Fantasie und Ihr innerer Kritiker setzen den Möglichkeiten Grenzen, wie Sie sich beim Malen in kürzester Zeit entspannen können.

Lassen Sie sich nicht vom inneren Spötter bremsen, der Ihnen einflüstert, dass Sie ja noch nicht mal ein Strichmännchen zeichnen können. Das ist beim Wellness-Malen völlig egal! Bremst Sie der innere Kritiker (oder tun dies wohlmeinende Freundinnen …) zu sehr, dann arbeiten Sie einfach abstrakt, mit ansprechenden Farben. Wie schön und auch stimmungsvoll das aussehen kann, können Sie beispielsweise bei Natalia Schäfer sehen, die den »Nature & Culture«-Kalender mit abstrakten Formen und Tier-Motiven herausbringt.

Allein zu malen ist natürlich am ehesten entspannend, aber kinderfreie Zeit ist nun mal Mangelware. Machen Sie aus der Not eine Tugend und malen Sie Seite an Seite mit Ihren Kindern. Es geht jetzt mal nicht darum, dass Ihr Kind gefördert wird – es darf schlicht an Ihrer Seite erschaffen. Genauso raumgreifend und unzensiert wie Sie, denn Klamotten und Oberflächen sind geschützt – Papas ausrangierte Hemden, Ihre ausrangierten Schwangerschaftsklamotten eignen sich gut als Overalls; Tische und Böden können Sie mit Wachstuchdecken oder preiswerten Duschvorhängen abdecken.

Normalerweise gibt es bei jedem Kreativmaterial die Möglichkeit, eine ungiftige Kindervariante zu finden, mit der alle arbeiten können. Bringen Sie Ihrem Kind trotzdem bei, dass Ihre Utensilien »Erwachsenen«-Malmaterial sind und dementsprechend behandelt werden müssen.

Damit der Aufbau nicht ewig dauert, können Sie Schutzkleidung, Wachstuchdecken und Farben in eine große, undurchsichtige Box packen. Wir haben eine für Stempelkram, eine fürs Malen, eine für Knete & Co. Bei Bedarf werfen wir die Decke über den Tisch und ziehen dann die passende Box heraus. Alle räumen sie aus – innerhalb von Minuten kann's losgehen. Genauso schnell ist alles wieder verräumt. Für die Pinsel haben wir uns einen speziellen Abtropfbecher aus dem Kreativmarkt geholt; so kann man sie versteckt auf der Fensterbank trocknen lassen und am nächsten Tag mit einem Griff verräumen. Keine Sauerei mehr am Waschbecken, kein Hinterherräumen.

Kleine Geste, große Wirkung

Vielleicht haben Sie schon von Mudras gehört? Mudras sind bestimmte Finger- und Handstellungen, die Prozesse im Körper anstoßen. Man braucht nichts außer ein paar Minuten Konzentration.

Hier ist ein Mudra für mehr Gelassenheit: Timer am Handy auf sechs Minuten stellen. Stellen oder setzen Sie sich aufrecht, aber entspannt hin. Lassen Sie beide Handflächen nach oben zeigen. Jeweils an einer Hand berühren sich der Daumen, der Mittel- und der Ringfinger. Sie sind also zueinander gekrümmt, während der Rest der Finger weiter geradeaus zeigt. Halten Sie die Hände in der Luft oder legen Sie sie im Sitzen auf Ihren Oberschenkeln ab. Augen zu und bis zum Piepsen des Timers nur auf den Druck der Finger gegeneinander und Ihren Atem konzentrieren. Langsam Mudra lösen und noch einmal tief ein- und ausatmen.

Zazen

Pflegen Sie Ihre spirituelle Seite mit *Zazen* – und tun Sie zugleich etwas für Ihre Haltung. Nach ein paar Wochen wird Ihr Rücken es Ihnen danken.

Zazen ist Sitzen zum Zweck der Sammlung und Meditation. Sie brauchen ein festes, kleines Kissen, eine kleine Decke oder Matte und einen Kurzzeitwecker, der nicht hörbar tickt, oder einen Handy-Timer. Das Kissen sollte ein Meditationskissen (Roshi) oder auf jeden Fall fest genug sein. Das schont die Knie im Lotus- oder Schneidersitz und hilft, den Rücken aufzurichten.

Wenn möglich, dämpfen Sie das Licht. Legen Sie eine Decke oder Matte zum Schutz Ihrer Knie auf den Boden und positionieren Sie das Kissen so darauf, dass Ihr Blick durch nichts abgelenkt werden kann, aber dennoch einen optischen Haltepunkt findet. Schauen Sie also nicht aus dem Fenster oder auf den blinkenden Anrufbeantworter, sondern beispielsweise auf eine Wand mit einem schönen Bild, eine Kerze oder ein Sideboard mit Vasen.

Wenn Ihre Kinder mit im Raum sind, können diese sich auch etwas »entspannen« oder spielen – ziehen Sie sich einfach in Ihre Ecke zurück.

Setzen Sie sich auf das Kissen und winkeln Sie die Knie seitlich ab. Legen Sie nun einen Fuß auf dem gegenüberliegenden Oberschenkel ab, das andere Bein bleibt am Boden (halber Lotussitz). Ist das nicht möglich, können auch beide Beine im Schneidersitz am Boden bleiben. Achten Sie dann besonders auf einen aufrechten Rücken; das erledigt sonst der Lotussitz für Sie. Sie können beim Zazen auch auf einer Bank oder einem Stuhl sitzen, wenn Sie sich nicht anlehnen, aber Ihre Haltung ist dann weniger zentriert.

Die Augen sind offen oder halb geschlossen, der Blick ist allein auf den Konzentrationspunkt gerichtet.

Stellen Sie den Timer an und bleiben Sie fünf bis zehn Minuten in dieser Position. Lassen Sie Gedanken zu wie »Mein Rücken tut weh, wenn ich so lange aufrecht sitze …«, »Was wohl mein Kind gerade macht, es ist so still …«, aber beachten Sie sie nicht weiter. Für jeden verläuft die Meditation anders, es gibt kein Richtig oder Falsch. Bei vielen Menschen stellt sich nach kurzer Zeit ein wahres Feuerwerk an Gedanken ein. Lassen Sie die Gedanken einfach vorbeiziehen, ohne einen einzelnen herauszugreifen. Halten Sie die Unruhe aus – sie ist ein Signal, dass bald gedankliche Ruhe einkehrt.

Ich habe die Erlaubnis!

Haben Sie schon einmal etwas von »Erlaubnissen« gehört? Wenn Sie mit einer Therapeutin oder einem Coach arbeiten und die Sprache auf das Gefühl des Getrieben-Seins kommt, das viele von uns Müttern spüren – »Ich muss noch X machen«, »Nie schaffe ich es, Y auf die Reihe zu kriegen«, »Ich will aber doch noch …« –, wird der Coach mit Ihnen eine Reihe von Sätzen entwickeln. Sätze, die Sie laut aussprechen, wenn's mal wieder knüppeldick von allen Seiten kommt. Zunächst klingt es banal, sich laut zu sagen: »Du darfst Nein sagen!« oder »Du darfst die Erwartungen anderer Menschen enttäuschen, so lange du nicht von dir selbst enttäuscht bist.« Diese Erlaubnisse und Affirmationen entwickeln durch das laute Aussprechen eine ungeheure Kraft!

Unser Unterbewusstsein ist so gestrickt, dass es das glaubt, was man ihm laut erzählt – egal, ob uns andere kritisieren oder wir uns selbst etwas Positives sagen. Wenn man das erst einmal verinnerlicht hat, kann man blitzschnell Kraft und Entspannung aus Erlaubnissen und Affirmationen ziehen!

Sagen Sie sich täglich morgens und abends laut eine Affirmation vor (Anregungen finden Sie hier im Buch) und eine Erlaubnis immer dann, wenn Sie sich gestresst fühlen! Probieren Sie aus, welche Erlaubnis bei Ihnen gut funktioniert. Unserem Gehirn ist es übrigens völlig egal, ob die positiven Sätze, die wir uns vorsagen, unlogisch oder sogar absurd sind – es reagiert laut einer Studie von 2010 mit Wohlbefinden und Glücksgefühlen, solange nur die Frequenz der positiven Sätze hoch genug ist.

Ein paar Vorschläge zu Affirmationen finden Sie weiter unten. Stellen Sie sich einfach vor, welche Sätze Sie dazu bringen, mal alle fünfe gerade sein zu lassen, oder was Sie gern von jemand anderem hören würden. Sagen Sie sich laut »Ich gestatte mir ...« oder »Ich erlaube mir ...« und notieren Sie, was Ihnen dann spontan durch den Kopf schießt.

* Ich habe die Erlaubnis, mich nur um mich selbst und meine Kinder zu kümmern. Der Haushalt kann mir den Buckel runterrutschen.
* Ich gestatte mir, jetzt die Füße hochzulegen.
* Ich erlaube mir, mich nicht darum zu scheren, ob ich alles auf Facebook mitbekomme oder nicht.
* Ich darf häufig »Nein« sagen und muss nicht jedem helfen, der danach fragt.
* Ich gestatte mir, nicht dem momentanen Frauen-Ideal zu entsprechen und liebe meine Figur so, wie sie ist.

Denken Sie auch an die Kehrseite: *Loben Sie sich laut*, wenn Sie etwas gut gemacht oder eine nervige Aufgabe trotz Ablenkung durch Ihre Kinder geschafft haben. Lob ist die größte Motivation für Menschen – und wenn es kein anderer macht, können Sie sich mit dem gleichen positiven Effekt selbst loben.

Ich muss nichts leisten, um Aufmerksamkeit und Liebe zu verdienen.

Setzen Sie alle an die Luft

Das beste Nervenstärkungsmittel für Menschen ist die Natur. Sich einfach mal den Wind um die Nase wehen lassen, Licht tanken!

Wenn Sie und die Kinder sich schon den ganzen Nachmittag gegenseitig auf den Senkel gehen, dann setzen Sie jetzt mal alle – Sie eingeschlossen – an die frische Luft. Wenn's ganz schlimm kommt, können Sie es auch mit einer Lolli-Auszeit (siehe »Lollis für alle«) verbinden. Oder setzen Sie den Lolli als Lockmittel ein – noch ein guter Grund, einen Naschtag einzuführen: Ausnahmen geben den Kindern einen enormen Motivationsschub.

Gehen Sie alle zusammen einmal flott um den Block. Seien Sie genauso konsequent wie die Kinder: Wenn die nicht zicken, sondern stramm gehen, dann dürfen Sie sie nicht »quälen«, indem Sie hier und da unterwegs ein Schwätzchen mit den Nachbarn halten. »Wir haben's eilig, da warten drei Becher heißer Kakao / ein spannendes Bagger-Buch … auf uns.«

So ein Spaziergang ist auch im Dunkeln (zum Beispiel am Nachmittag im Winter) eine besondere Sache. Schalten Sie vielleicht vor dem Weggehen die Lichterkette im Küchenfenster ein, damit das Haus gleich freundlicher aussieht, wenn Sie zusammen wieder zurückkommen. Oder zünden Sie gemeinsam eine Kerze an.

Elixier

Warum macht Wasser so schön und gesund? Weil Haut bei Wassermangel grau und stumpf aussieht, sich mehr Unreinheiten bilden und auch deutlich mehr Falten. Nicht nur im Gesicht, sondern am ganzen Körper. Das Wasser transportiert Nährstoffe zu den Organen und Zellen, schmiert die Gelenke, befeuchtet die Augen, sodass sie sich nicht so angestrengt anfühlen, reguliert die Körpertemperatur ... Darauf noch ein Glas, hm?

Wasser hilft oft auch beim Abnehmen – besonders dann, wenn Sie ein »Durstesser« sind wie ich. Es ist seit Jahren jeden Tag ein Kampf, aber ich muss mich zwingen, erstmal ein großes Glas Wasser zu trinken, wenn ich wieder mal die Küche nach einem Snack absuche. Wer bei Durst Snacks isst, der isst und isst und isst. Schuld ist nicht eine unerkannte Essstörung, sondern die Tatsache, dass Essen einfach nicht den Durst löscht. Banal, aber schwer in den Kopf zu kriegen.

Neben purem (Leitungs-)Wasser kann man natürlich auch anderes trinken; ungesüßten Kräutertee oder einen »Detox-Drink«.

Ich weiß, was richtig und was falsch ist. Ich kenne den Weg – ich muss es nur wagen, ihn zu gehen.

Detox-Drink

Zutaten:
Zwei Liter Wasser, eine halbe Salatgurke, eine Zitrone, etwa zehn frische Minzblätter

Das Wasser in einem verschließbaren Krug ansetzen. Zitrone auspressen, Saft zum Wasser geben. Minzeblätter waschen und in den Krug geben. Die Salatgurke schälen und in schmale Scheiben schneiden, zum Wasser hinzugeben. Alles mit einem sauberen Löffel durchrühren und ein paar Stunden oder über Nacht im Kühlschrank ziehen lassen. Trinken.
Soll nicht nur gut für die Haut sein, sondern den ganzen Körper entschlacken. Der Detox-Drink lässt sich endlos variieren; statt der Gurke kann man zum Beispiel auch frische Erdbeeren mit einem Stängel Minze und dem Saft einer Limette ansetzen. Oder eine Handvoll Himbeeren mit ein paar Minzestängeln zerstoßen, in eine Karaffe geben und mit Wasser auffüllen. Je mehr Obst man hinzufügt, umso mehr Zucker ist dann allerdings im Wasser gelöst.

»Ich habe keine acht Arme!«

Wie lang ist denn heute Ihre To-do-Liste?

Gehören Sie auch zu den Frauen, die nicht nur Ja sagen, wenn sie es meinen, sondern auch, wenn sie eigentlich Nein sagen möchten? Dann türmen sich zu den eigenen Bergen unerledigter Dinge noch die von anderen Leuten. Beispielsweise heißt es dann: »Du, Nina, du hast doch viel mit Texten zu tun. Kannst du das mal für mich gegenlesen und lektorieren? Ist nicht viel, nur drei Seiten.« »Klar.« Das »Klar« kam sofort, ohne Nachdenken. Und dann sitze ich in der einen Stunde, während mein Jüngster seinen Nachmittagsschlaf macht, am Computer und, anstatt an meinen eigenen Büchern zu arbeiten, schwitze ich fluchend über einem ziemlich grottigen Text.

Ein Coach sagte mir, ich solle bei jeder Aufgabe, die ich gern vor mir herschieben würde, in Gedanken »Ich will« statt »Ich muss« einsetzen. Oft wird einem dann erst bewusst, gegen welche Aufgaben man sich innerlich total sträubt, welche uns von außen aufgeladen werden und nicht unserem eigenen Wunschdenken entspringen. Immer, wenn Sie innerlich »Määh, ich *will* das aber überhaupt nicht!« denken, muss Abhilfe her.

Tauschen Sie Aufgaben mit Menschen aus Ihrem privaten Netzwerk (es gibt tatsächlich Leute, die Dinge gern machen, die Sie hassen).

Erkundigen Sie sich, wie viel es kostet, dies oder das an einen Profi abzugeben. Gerade Frauen tendieren dazu, nicht ihre Lebenszeit oder Lebensqualität anzurechnen – »Das muss ich selber machen! Wenn ich das rausgebe, kostet es mich zehn Euro!« Aber wenn Sie fünf Stunden pro Woche von Ihrer knappen Freizeit opfern, wie viel ist Ihnen das wert? Andersherum gefragt: Was könnten Sie in dieser Zeit für sich selbst tun? Welches Hobby könnten Sie pflegen, das Ihnen Freude macht und Kraft gibt für den Alltag?

Tauschen Sie ungeliebte oder für Sie mühsame Aufgaben mit anderen Menschen, damit Sie die erledigen können, die Ihnen flotter von der Hand gehen.

Das Wichtigste dabei: Sagen Sie nicht automatisch »Ja, natürlich«, sobald man Ihnen eine Aufgabe vor die Nase setzt. Die Welt geht nicht unter, wenn man »Nein« sagt, und es muss Sie auch nicht jeder lieb und nett finden – wirklich nicht.

Wundermittel Bienenwachs

Der Duft von Bienenwachskerzen hilft gegen Verspannungen und Verstimmungen. Vielleicht, weil der Duft uns an warme Milch mit Honig erinnert? Benutzen Sie eine Bienenwachskerze für die Meditation oder stellen Sie beim Abendessen eine auf den Tisch. Sie können auch mit *Knetbienenwachs* Frust abreagieren und gleichzeitig den wohltuenden Duft einatmen.

Entspannung essen – Zimt

Stressabbau kombiniere ich mit den Vorteilen von Zimt, indem ich Zimtschnecken zubereite. Um den Hefeteig (auch mit Zimt angereichert) kümmert sich meine Küchenmaschine. Aber das letzte Kneten übernehme ich –

gern mit aller Brutalität, wenn's dem Abreagieren hilft. Gehen lassen, ausrollen, mit einem Zimt-Zuckergemisch bestreuen, aufrollen, in Stücke schneiden, nochmals gehen lassen, backen. Fertig. Lecker.

An so einer manuellen Therapie kann die ganze Familie teilnehmen. Gelangweilte oder bockige Kinder kann man mit der Aussicht auf »Teig ausrollen« schnell aus der Reserve locken. Wenn's Beschäftigungstherapie, deren Resultate man verspeisen kann, nicht jeden Tag gibt, ist gegen einen essbaren Stimmungsaufheller auch wirklich nichts einzuwenden – weder für die »Mama« noch für die Kinder. (Zimt-Marzipankartoffeln beispielsweise machen gute Laune und lassen sich leicht zubereiten, siehe unten.) Sie können aber auch einfach Apfelschnitze mit etwas Ceylon-Zimt bestäuben. (Achtung: Zimt nicht überdosieren, das geht fix.) Noch figurfreundlicher und nur für Mamas geeignet ist das *Räuchern* mit Zimt.

Zimt-Marzipankartoffeln

Zutaten für eine kleine Menge
250 g Marzipanrohmasse
Etwa 50 g Puderzucker (bis zu 200 g, je nach Vorliebe/Marzipan)
Ca. 2 TL Zimt
Mehrere EL Kakaopulver (das zum Backen)

Zubereitung (im sprichwörtlichen Sinne kinderleicht; Mama guckt zu und nascht!)
Eine Silikonbackmatte ausbreiten und die Marzipanrohmasse darauf geben. Etwa 30 g Puderzucker über das Marzipan sieben und unterkneten. Wenn es noch sehr klebrig ist und noch nicht nach Marzipankartoffeln schmeckt: Ein paar weitere Esslöffel Puderzucker über das Marzipan sieben und unterkneten. Die Marzipanmasse sollte sich noch leicht klebrig anfühlen, aber nicht mehr so stark kleben wie am Anfang.
Zwei große, flache Teller, einen davon mit Küchenkrepp ausgelegt, und eine Schale oder Dose bereitstellen, in der die Marzipankartoffeln möglichst luftdicht verschlossen werden können.
Den Teller ohne Küchenkrepp dick mit Kakaopulver bestreuen.
2 TL Zimt (oder mehr) über das Kakaopulver geben und mit einem Löffel unterrühren. Wer mag, kann auch statt dem Zimt andere Gewürze verwenden oder dem Ganzen mit einem Hauch Chili eine feurige Note geben.
Eine kleine Menge von der Marzipanmasse abkneifen, zwischen den Händen zu einer Kugel formen. Die Kugeln lieber zu klein als zu groß – je kleiner sie sind,

desto intensiver ist die Zimt-Kakao-Note! Danach in verschiedenen Richtungen durch die Zimt-Kakao-Mischung rollen, bis die Kugel dick bestäubt ist.

Über den Teller mit dem Küchenkrepp rollen und zwischen zwei Fingerspitzen gehalten leicht dagegen klopfen, sodass der überschüssige Kakao abfällt.

Sacht in die Dose legen. Mit der übrigen Marzipanmenge ebenso verfahren, bis alles aufgebraucht ist.

Wie lange sich die selbst gemachten Marzipankartoffeln halten, wissen wir nicht, da sie bei uns noch nicht einmal den ersten Abend überleben. Wir sind jetzt verdorben für die gekauften Marzipankartoffeln, da für uns diese pudrige Zimt-Kakaoschicht einfach perfekt zum Marzipan passt.

Errette mich

Kennen Sie schon die *Rescue-Remedy-Gummibärchen*? Das sind zuckerfreie, ziemlich teure Gummibonbons, denen die Bachblütenmischung »Rescue Remedy« beigesetzt wurde, die man bei Schocks, Verletzungen etc. anwendet. Eigentlich gibt es die als Tropfen (und die Tropfen tun Müttern auch gut); für Kinder gibt es sie in der kleinen Blechdose zum Lutschen oder Kauen.

Legen Sie sich eine Packung in die Handtasche und kauen Sie ein bis zwei der Bonbons, wenn's mal wieder hart an die Substanz geht mit den lieben Kleinen. Die Bachblütenmischung fühlt sich so an, als streichle einem jemand über den Kopf und sagte »Alles wird gut!«.

Und das Kauen baut innere Spannungen ab. Sie können sich auch mit Sanddornöl einreiben und im Anschluss daran Möhrenschnitze oder Kohlrabi kauen – das lässt sich nur unterwegs so schlecht praktizieren …

Traumreise Feuer

Entspannen mit dem Element Feuer können Sie auf dieser geführten Traumreise.

Lassen Sie sich den Text vorlesen oder nehmen Sie ihn auf einem Gerät auf, indem Sie ihn langsam laut vorlesen, zum späteren Abspielen geeignet.

Leg dich bequem auf den Boden oder eine Matte.
Schließ deine Augen, damit du besser genießen kannst.
Spüre in deinen Körper hinein: Liegst du bequem?
Verändere deine Position ein wenig, bis du wirklich entspannen kannst.
Spüre, wie dein Körper auf dem Untergrund ruht. Du bist getragen und sicher.
••• Atme langsam ein •••. Und aus •••.
Ein •••. Und aus •••.
Lass den Atem langsam durch deinen Körper kreisen. Er ist warm, wie ein leichter Lufthauch, der die Schwere aus deinen Gliedern vertreibt.
(Flüstern:) Ein ••• und aus •••.
Ein •••. Und aus •••.
••• Stell dir vor, der Boden unter deinem Körper verwandelt sich in warmen Sand.
Ohne die Augen zu öffnen, weißt du, du bist jetzt in der Wüste.

Du liegst im warmen Sand einer Oase.
Du räkelst dich wohlig, es ist so angenehm warm.
Gleich in der Nähe hörst du eine Quelle mit Wasser plätschern.
Palmen rauschen in einer leichten Brise.
••• Schmiege dich noch tiefer in den warmen Sand.
Gib dein ganzes Gewicht in den Boden ab.
Du wirst ganz leicht.
Der Windhauch aus der Wüste streichelt warm und sanft über deine Haut.
Er hüllt dich in eine zärtliche Hülle aus Wärme.
Genieße es, wie die Hitze des Bodens langsam durch deine Haut eindringt.
Wie die Wärme dich nach und nach erfüllt.
••• Die Wärme lockert alles, was in dir verspannt ist.
Reise langsam durch deinen Körper: Beginne bei den Zehen und lass die Wärme langsam aufwärts steigen.
Beweg deine Zehen und Füße ganz leicht im warmen Sonnenlicht. Sie werden ganz weich und entspannen sich.
Reise durch deine Waden und Schenkel aufwärts. Sie werden von der Wärme ganz entspannt.
Die Wärme des Bodens steigt durch deinen Po auf in dein Becken.
Alles wird ganz locker und weich.
Lass die Wärme höher fließen, durch deinen Bauch.
Nimm einen tiefen Atemzug und zieh die Wärme in deinen Brustkorb, in deine Lungen.
Mhmmm – alles ist so wohlig warm.
Du bist eingehüllt von einem Kokon aus Wärme.
••• Sie fließt durch deine Schultern in deine Arme, bis in die Fingerspitzen.

Beweg leicht deine Finger und lass sie sich durch die Wärme entspannen.
Lass die Hitze von den Fingern wieder zurück zu den Schultern fließen. Sie löst alle Verspannungen in deinen Schultern, in deinem Rücken.
••• Nimm noch mehr Wärme vom Boden in dir auf und lass jetzt für ein paar Minuten die Hitze zärtlich kreisen: zwischen deinen Schultern, dem Nacken und dem Rücken.
Schick sie zu jeder Verspannung und spüre, wie die Hitze alles lockert und löst.
••• (etwa eine Minute Zeit geben)
Langsam spürst du jetzt wieder das warme Streicheln des Winds an deiner Haut.
•••
Er bringt dir den Duft von Kaffee und Zimt.
Ein Hauch exotische Gewürze steigt dir verlockend in die Nase.
Glöckchen erklingen in der Ferne. ••• Es ist Zeit zurückzukehren.
Strecke dich wohlig. Öffne dann langsam die Augen. Willkommen zurück.

Trinken Sie ein Glas Wasser, um wieder vollständig in die Gegenwart zurückzukehren.

Spannung wegspülen

Vertrauen Sie dem Element Wasser, um mentale Verspannungen und auch Frust wegzuspülen. Besonders Eltern von Kindern in der Trotzphase sollten nach einem kräftezehrenden Anfall die Ärmel hochkrempeln und die Hände und Handgelenke unter fließendes Wasser halten. Leiten Sie die Wut aus ins Wasser. Heilpraktikerin und Co-Autorin des »Trotzphasen-Survivalguide« Anja Bagus empfiehlt: »Reiben Sie mit den Händen energisch von den Ellbogen nach unten und werfen Sie die Wut in kleinen Portionen in den Ausguss. Zählen Sie bis zehn und trocknen Sie dann Ihre Hände ab oder schütteln Sie sie trocken.«

Zen-Blogger Leo Babauta empfiehlt Wasser bzw. die Vorstellung von Wasser, um über Kränkungen und Aggressionen leichter hinwegzukommen. Stellen Sie sich vor, Sie schwimmen in einem Fluss und werden von der Strömung mühelos mitgezogen zu Ihrem Ziel. Die Menschen, die Sie gerade gekränkt haben, die Ihnen zum Beispiel die Vorfahrt genommen oder etwas ähnlich Unbedachtes getan haben – sie alle sind einfach nur Blätter und Äste, die im Fluss treiben. Die Strömung spült sie für einen kurzen Augenblick in Ihren Weg, dann sind sie wieder verschwunden. Geben Sie solchen Begegnungen nicht mehr Gewicht, in dem Sie sie festhalten – lassen Sie sie vom Wasser wegtragen.

Zuckerpeeling für Hände und Füße

Zuckerpeelings sind für Menschen mit empfindlicher Haut besser verträglich als Salz-Peelings, da die Zuckerkristalle feiner sind und nicht so kratzen. Je empfindlicher die Haut ist, desto feinkörniger sollte der Zucker sein. Ich nehme am liebsten braunen Zucker, da der so schön nach Karamell duftet. Sie können auch weißen Zucker mit zwei bis drei Tropfen ätherischem Öl nach Wahl beduften.

Das Peeling kann man direkt nach dem Anrühren anwenden, oder für eine Woche in Eiswürfelbehältern, sauberen Sandförmchen (oder Ähnlichem) trocknen lassen. Das gibt dann eine ansprechende Form.

Zum Gebrauch einfach einen Finger voll abnehmen (aus dem Glas fischen bei flüssigem Peeling oder ein Stückchen abbrechen bei festem). Die Hände/Füße mit Wasser abspülen, großzügig mit dem Peeling einreiben und für ein paar Sekunden reiben. Je empfindlicher die Haut, desto sanfter und kürzer peelen.

Zutaten für ein Glas
350 g braunen oder weißen Zucker
6 EL pflegendes Öl (zum Beispiel erwärmtes Kokosöl, Mandelöl, Olivenöl, Erdnussöl)
Optional: 2–3 Tropfen ätherisches Öl; nur wenige (!) Tropfen Speisefarbe, damit's schön bunt wird. Wer keine empfindliche Haut hat, lässt 1 EL Öl weg und gibt stattdessen ein paar Tropfen Zitronen- oder Limettensaft dazu. Das macht schöne Haut und gibt dem Zuckerpeeling einen Margarita-Duft.

Alles kräftig zusammenrühren, bis sich die Farbe vollständig gelöst hat. Entweder in ein leeres Marmeladenglas füllen oder in Förmchen trocknen lassen.
Das Körperpeeling nicht im Gesicht anwenden.

Ich bin schön, so wie ich bin.

Lachmuskeln trainieren

Hier eine kleine Übung aus dem Lach-Yoga, auch wenn Ihnen gar nicht nach Lachen ist:
Finger spreizen. Die Handflächen wie beim Beifall rhythmisch zusammenklatschen. Dabei wie der Weihnachtsmann laut »hoho – haha« sagen. Fühlt sich komisch an, liefert Ihnen aber in Sekunden neue Energie.

Gelassenheit aus der Tube

Wussten Sie, dass man Gelassenheit in Tuben kaufen kann? Die Zauberzutat heißt Magnesium.

Magnesium ist nicht nur ein Mitspieler bei der Kalzium-Verwertung – was für Frauen ja schon im Hinblick auf Osteoporose-Prophylaxe nicht ganz unwichtig ist. Magnesium hat aber noch viel mehr zu bieten: Es entspannt und hilft, auch Krisensituationen gelassener zu ertragen. Man fühlt sich weniger wie gerädert nach schwerer Arbeit – dazu zählt auch das Schleppen von Kleinkindern. Magnesium-Fans schwören sogar darauf, dass es fülligere Haare, gesundes Zahnfleisch und Zähne bewirkt.

Sie können Magnesium als Nahrungsergänzung einnehmen (zum Beispiel in einem Mischpräparat mit Kalzium und Vitamin D). Sie können Magnesium aber auch über die Haut aufnehmen, indem Sie sich mit einem Spray, das Magnesium enthält, einreiben. Fertig zu kaufen gibt es das beispielsweise bei Terra Elements (www.land-der-abenteuer.de/magnesium-hautspray); man kann es aber auch leicht selber herstellen mit lebensmittelechtem Magnesiumcitrat. Die nötigen Zutaten erhalten Sie in der Apotheke oder, preiswerter, über das Internet. Wählen Sie nur vertrauenswürdige Anbieter!

Aus dem Grundstoff Magnesiumcitrat können Sie übrigens auch entspannende Gummibärchen für sich selbst und die Kinder anfertigen; Rezepte finden Sie im Internet.

Instant-Kaffee? Nein, Instant-Auszeit!

Hektik, Chaos, Arbeitsberge – kein Problem, wenn Sie zwischendurch mal eine Pause einlegen könnten. Sie wissen vor lauter Arbeit gar nicht mehr, wo anfangen und die Kinder springen um Ihre Füße, während Papa genüsslich eine Zeitschrift liest?

Da gibt es zwei Möglichkeiten: Sie verfallen in Hektik und versuchen, alles auf einmal auf die Reihe zu kriegen (siehe »Jane Bond«). Oder Sie gönnen sich eine kleine Pause, um wieder ruhiger zu werden und ein bisschen Energie zu tanken. Nicht diskutieren, sondern machen: Laden Sie die Kinder bei ihrem Papa oder einer Freundin ab. Dann laufen Sie einmal um den Block oder schließen sich im Bad ein, um Löcher in die Luft zu gucken oder in einem Buch zu lesen. Wegen dieser zehn Minuten Auszeit wird nicht noch mehr Chaos ausbrechen, aber für Sie können solche Minipausen eine echte Rettung sein – und eine Stärkung, bevor Sie sich wieder ins Getümmel stürzen.

Lass es raus!

Adrenalinstau spüren Sie besonders in der Trotzphase Ihres Kindes häufiger. Kinder kommen nach einem »Anfall« ganz schnell wieder auf den Teppich – kein Wunder, sie haben sich auf ihre eigene Art ja abgearbeitet. Jetzt ist es wichtig, dass Mama auch wieder zum Tagesprogramm übergehen kann. Aber wer kann das schon, wenn die Nerven blank liegen nach einer halben Stunde Geschrei und Hüttenzauber?

Auch ohne Trotzanfälle ist es wichtig, dass Sie sich ein paar Mal am Tag so richtig abreagieren, um Stress abzubauen.

Stellen Sie sich eine Liste zusammen mit Stress verbrennenden Aktivitäten, die sich mit Kindern kombinieren lassen. Ein paar Vorschläge: Laufen, Gartenarbeit mit Vehemenz, Kissen schlagen, tanzen (noch besser: Ausdauertraining mit Tanz-Elementen), Trampolin springen, Seil springen, Gummitwist hüpfen …

Übrigens: Hüpfen (ob auf dem Mini-Trampolin oder mit dem Seil) verbrennt nicht nur Adrenalin, sondern stärkt die Knorpel und kollagenen Fasern, was nicht nur fitter macht, sondern auch vor Osteoporose schützen kann.

Tanzen Sie zu Bollywood-Musik!

So lässt sich das Kinder-Haushalts-Gewirr gleich besser ertragen: Fetzige Bollywood-Musik auflegen, lautstark. Ganz ungeniert mitschwingen oder mittanzen. Da wird selbst das Aufräumen des Wohnzimmers zur cineastischen Glanzleistung. Kinder machen mal mit, mal verlassen sie fluchtartig den Raum, je nach Stimmung.

Wussten Sie, dass eine »kleine Auszeit mit einer Entspannungs-CD« nicht angesagt ist, wenn wir sehr angespannt sind? Sie würde uns eher ausrasten lasten als zu entspannen. Laut einer Studie der Universität Witten/Herdecke entspannt langsame Musik körperlich erschöpfte Menschen. Fühlen Sie sich hingegen angespannt, müssen Sie erst mal »runterkommen«. Statt Gesäusel gönnen Sie Ihren Ohren daher was Schnelles.

Für Bollywood-Einsteiger eignet sich am Anfang am besten ein Sammelalbum, auf dem verschiedene Interpreten und Stilrichtungen vertreten sind, zum Beispiel »Best of A. R. Rahman«. Eher nichts aus der Liebesecke, weil die Lieder nicht schwungvoll genug sind. Anspieltipp: »Ghanan Ghanan« von A. R. Rahman oder »Love Mera Hit Hit«. Einfach mal im Internet suchen und laut aufdrehen.

Die Schultern entlasten

Diese Position aus dem Yoga tut nicht nur verspannten und nach vorn gerundeten Schultern gut, sondern verhilft auch zu einer besseren Haltung, wenn Sie sie regelmäßig machen.

So geht's:
Auf die Matte knien und die Schultern bewusst nach unten und hinten führen.

Jetzt die Hände hinter dem Rücken verschränken. Rücken gerade halten. Schulterblätter zur Wirbelsäule ziehen, sodass der Brustkorb sich öffnet, dann die Arme sanft anheben.

Die innere Heldin entdecken

Diese Übung aus dem Yoga hilft Ihnen dabei, innere Stärke und Ausgeglichenheit zu entwickeln. Sie ist auch ausgesprochen gut fürs Selbstbewusstsein.

Im Idealfall morgens, mittags und am frühen Abend dreimal hintereinander die Heldin-Position ausführen. Sie benötigen keine Matte, nur dehnbare Kleidung; jeder Durchgang dauert nur wenige Minuten. Diese Übung lässt sich also gut zwischendurch einschieben. Ich habe sie schon mit einem Kind im Schlepptau am Flughafen gemacht, an einem Tag, als mir einfach alles zu viel wurde – verspäteter, weil defekter Flieger, übermüdetes Kind, eine gefühlt drei Kilometer lange Schlange am einzigen Café … Anders als erwartet, hat gar keiner gegafft. Inzwischen ist Yoga so verbreitet, dass jeder weiß, was Sie da machen, wenn Sie zwischendurch mal eine Helden- oder Balance-Haltung einschieben, um sich etwas Gutes zu tun.

Es gibt viele Varianten von der Heldin-Position (manchmal heißt diese Position auch »Kriegerhaltung«).

Meine Lieblingsvariante geht so:

Stellen Sie sich breitbeinig in einer Grätsche auf die Matte. Die Füße stehen etwa einen Meter auseinander. Drehen Sie den rechten Fuß um 90 Grad nach außen, sodass er zur Seite zeigt. Drehen Sie den linken Fuß etwa 45 Grad nach innen.

Drehen Sie den Oberkörper mit Ihrem Becken zur rechten Seite, der Rücken ist ganz aufrecht, ebenso der Nacken und der Kopf.

Beugen Sie das rechte Bein, bis Ihr Knie einen 90-Grad-Winkel erreicht hat. Das Knie befindet sich jetzt über dem Fußgelenk.

Heben Sie langsam beide Arme gestreckt nach oben zur Decke; die Handinnenflächen schauen sich an.

Halten Sie die Dehnung für fünf langsame Atemzüge, dann kehren Sie in die Ausgangsposition zurück.

Drehen Sie jetzt den linken Fuß auf 90 Grad aus … Wiederholen Sie alle Schritte auf der linken Seite! Fertig – oder wiederholen Sie beide Seiten mit je fünf Atemzügen so oft, wie Sie mögen.

Wichtig ist, ganz in dieser Übung anzukommen. Visualisieren Sie Ihre innere Kriegerin und geben Sie ihr Ausdruck, während Sie diese Übung machen.

Die Brust befreien

Die folgende Übung stärkt nicht nur die Schulterblätter und dehnt die Brustmuskeln, sondern hilft auch bei trotzenden Kindern. Vielleicht weil man dieser Asana nachsagt, dass sie auch bei Beklemmungsgefühlen weiterhilft. Oder weil man etwas Aktives tut und tief atmet, anstatt nur verbranntes Adrenalin in sich anzuhäufen.

So geht's:

Bei Stunk in der Bude oder Beklemmungsgefühlen reißen Sie die (Haus-)Tür auf. Klemmen Sie einen Türstopper unter die Tür, Ihren Fingern zuliebe.

Stellen Sie sich in den Türrahmen. Die Füße stehen parallel und hüftbreit. Schultern nach hinten und unten, Richtung Wirbelsäule, ausrichten. Das fühlt sich an, als ob die Schulterblätter sich berührten.

Am Türrahmen festhalten und beim nächsten Ausatmen langsam nach vorn lehnen.

Atmen Sie tief ein. Beim Ausatmen lassen Sie sich weiter nach vorne sinken, bis Ihre Arme gestreckt sind – wenn Ihnen das angenehm ist. Tief ein- und ausatmen und genießen, dass Sie gehalten werden. Spüren Sie Ihre Kraft!

Es darf ruhig eine Dehnung zu fühlen sein, aber es sollte Ihnen nicht weh tun. Lassen Sie sich frische Luft um die Nase wehen und atmen Sie fünfmal tief über die Nase ein und wieder aus. Kehren Sie dann in die Ausgangshaltung zurück.

Mein Leben im Ausland

In ihrem Buch »Writing for your Life« (*Schreib um dein Leben*) empfiehlt Deena Metzger, eine Weile Tagebuch zu führen, als ob man sein eigenes Leben im Ausland erleben würde.

Sie kennen sicher das Gefühl, dass der Alltag im Urlaub spannender und auch bemerkenswerter ist, als er uns zu Hause vorkommt.

Tun Sie so, als ob Sie im Ausland unterwegs wären, und notieren Sie eine Woche lang jeden Tag etwas in eine Kladde: Gedankenfetzen, Bruchstücke von Unterhaltungen, die Sie mitbekommen, Schlagzeilen, die Ihnen ins Auge springen, filmreife Auftritte Ihres trotzenden Kindes, kleine Fluchten, die Ihnen viel bedeuten … So, wie Sie Urlaubserinnerungen festhalten würden.

Diese Woche kann Ihr Einstieg ins Tagebuch- oder Wellness-Schreiben sein. Auf jeden Fall gibt sie Ihnen neue Impulse, Alltägliches zu Hause mehr wertzuschätzen – und vielleicht auch manches zu verändern.

Verreisen zu Hause

Verreisen Sie heute doch schon mal zum Frühstück nach Paris. Einen Milchkaffee in einer Müslischale werden Sie doch noch gebastelt kriegen, oder? Und dazu ein Hörnchen aus Tiefkühl-Blätterteig und für alle beim Abschied »mille bises«, tausend Bussis, auf die Wangen.

Ich gebe zu, das klingt vielleicht etwas abwegig, aber unterschätzen Sie nicht die Kraft der kleinen Impulse. Immer der gleiche Trott ist tödlich langweilig. Bei uns wünschen sich schon die Kinder an manchen Tagen »Kindermilchkaffee« (das ist aufgeschäumte Milch aus einer Espressotasse) oder erklären: »Heute trinke ich mein Wasser aus einer Schüssel wie in Frankreich.« Na, denn Prost. Wir haben schon zusammen Sushi gerollt (die ersten Erbsen-Sushis meines Lebens) und das Esszimmer zum Sushi-Restaurant umdekoriert; wir haben bei Platzregen im Wohnzimmer ein Hobbit-Picknick veranstaltet oder nach dem Schauen von »Eine Insel der Abenteuer« (*Nim's Island*) gemeinsam quasi-thailändisch gekocht und auf den leeren Kokosschalen, die sich im Kinderzimmer fanden, versucht, Musik zu machen. Auch immer beliebt: Abendessen im Indianerzelt, ebenfalls im Wohnzimmer oder im Sommer auf dem Balkon … Zeigen Sie Ihren Kindern früh, dass man mit ein paar Handgriffen »verreisen« kann. Davon profitiert auch Ihre Stimmung enorm.

Smoothies

Eine Auszeit für Mama, ohne dass die Kinder meckern? Ganz einfach: Zusammen Smoothies zubereiten. Bei mir hilft ein besonders lärmiger Mixer-Aufsatz auf der Küchenmaschine, um wenigstens beim Pürieren meine Ruhe zu haben …

Smoothies enthalten mit der Fruktose zwar viel Zucker, sind aber eine gute Alternative bei Heißhunger auf Dessert, Süßigkeiten oder Eis.

Die gesündesten Smoothies enthalten:

* Viel Gemüse (siehe »Grüne Smoothies«)
* Etwas Obst
* Ab und zu mal Nüsse
* Keinen zusätzlichen Zucker
* Gewürze nach Bedarf (zum Beispiel Zimt, Vanille)
* Keine Soja- oder Milchprodukte

Doch alle Theorie ist grau: Je nach Laune fügen wir mal Sojamilch, mal Kokosmilch hinzu, oft genießen wir die Früchte pur. Wer es süßer haben muss, fügt süßes Obst wie Himbeeren, Mango oder Banane hinzu.

Eine sehr gute Basis für Smoothies ist ungezuckertes Tiefkühlobst – darin sind die Vitalstoffe noch fast voll erhalten und gleichzeitig gibt es den Smoothies die Konsistenz von »Nachtisch«, ohne dass man haufenweise Eiswürfel hinzufügen muss. Die Auswahl ist inzwischen riesig. Man kann auch selbst reifes Obst einfrieren und dann verwenden. Das schont den Geldbeutel.

Die Zubereitung im Mixer ist am einfachsten. Zur Not kann man auch einen Zauberstab oder den Pürieraufsatz für ein Handrührgerät verwenden. Damit's klappt, die Zutaten des Smoothies portionsweise pürieren und erst am Schluss dann alles gründlich vermengen. Leckere Smoothie-Rezepte finden Sie in meinem Blog land-der-abenteuer.de.

Ich bin weich und offen – Unterstützung, Hilfe und gute Ideen lasse ich zu.

Balance finden

Die Yoga-Übung »Balance auf einem Bein« gehört zu denen, die Psychologin und Yoga-Coach Tanja Hummel allen gestressten Eltern empfiehlt (und nicht nur ihnen).

Anders als man vermuten würde, bringt das tägliche Gewackel auf einem Bein Sie in Ihre innere Balance zurück. Sie brauchen keine Matte, keine besondere Kleidung – legen Sie einfach immer mal wieder eine kurze Pause für diese Übung ein. Sie dauert nur eine Minute und tut Ihnen richtig gut.

So geht's:

Auf einem Bein stehen, das andere langsam anheben. Oberschenkel parallel zur Decke ausrichten. Einen Fixpunkt im Raum für den Blick suchen, ein paar Mal langsam ein- und ausatmen und nicht umfallen. Wackeln ist erlaubt.

Bein langsam absenken und die Übung mit dem anderen Bein wiederholen.

Wenn Sie möchten, können Sie flüssig zu einer der

Varianten übergehen, oder Sie belassen es bei der Basis-Übung – je nach Lust und Tagesform.

Mögliche Varianten: Das Bein in Zeitlupe nach hinten führen, kurz halten. Das Bein nach vorne führen, zur Seite, den Oberkörper nach vorne absenken, bis Sie sich im 90 Grad-Winkel zum Boden befinden, halten … Immer beide Seiten üben!

Bewerten Sie sich nicht. An manchen Tagen wackelt's, an anderen steht man sicher wie ein Fels. Manchmal zickt ein Bein, manchmal keins. Lassen Sie alle wertenden Gedanken ziehen und machen Sie weiter.

Matsch mich nicht an

Spielen Sie doch mal im Matsch – wenn Ihre Kinder noch kleiner sind, haben Sie die ideale Entschuldigung, sich mit dem Element Erde spielerisch auszutoben.

Sie können für sich und die Kinder eine Matschgrube im Wald/Garten anlegen bzw. eine im Wald finden. Mein Sohn hat mit dem Kindergarten im Wald beachtliche Kugeln aus Matsch geformt, die nach dem Trocknen wie kleine moderne Skulpturen aussahen und ewig gehalten haben. Wer sagt denn, das so etwas nur Kinder machen dürfen?

Wer's »erwachsener« haben will:
Mit Heilerde experimentieren – allein oder mit den Kindern. Alle schmieren sich von Kopf bis Fuß mit Heilerde ein, das ist toll für Haut und Haar. Vielleicht machen Sie ein Erinnerungsfoto, falls Ihr Handy die Matschfinger überlebt?

Sie können auch alle zusammen im Garten buddeln, pflanzen – besonders im Frühjahr tut es gut, sich mit der Erde zu verbinden. Setzen Sie zusammen mit den Pflanzen oder Samen Ihre Träume für das kommende Jahr in die Erde.

Kein Garten, kein Balkon? Guerilla-Gardening ausprobieren; einen öffentlichen Gemeinschaftsgarten finden (die gibt's immer häufiger, selbst in kleineren Städten); im Kindergarten fragen, ob Sie sich ein bisschen um den Garten kümmern können, falls vorhanden.

Am simpelsten: In den Wald gehen und die Finger ins Erdreich bohren, tief und langsam aus- und einatmen und dabei die Anspannung in die Erde abgeben.

Mit Feuer spielen

Feuer ist mein Lieblingselement, seitdem ich Kinder habe. Kinder bleiben natürlich außen vor bzw. in gehörigem Abstand – also darf »Mama« immer allein mit Feuer spielen. Nutzen Sie die reinigende Kraft des Feuers in der Form, die Ihnen am meisten guttut und die am praktikabelsten ist – sei es, dass Sie Marmelade einkochen, dass Sie grillen, räuchern oder eine Feuerschale abfackeln. Der Möglichkeiten gibt es viele.

Um nur ein Beispiel zu nennen:
Mit dem Versprechen, dass sie beim Feuermachen helfen können, sind Kinder voll motiviert, Zapfen und Äste zu sammeln. Einfach für jeden eine Tasche mitnehmen und im Wald/Park (am besten nach einem Sturm) Holz darin sammeln.

Zusammen einen »Unterstand« für die Äste mit den Kindern bauen. Gut funktioniert zum Beispiel ein (Unter-)Schrank vom Sperrmüll. Eventuell Türen abmontieren, damit er auf einer Seite offen ist. Auf der anderen Seite ein paar große Löcher bohren, falls noch nicht vorhanden – sie dienen zur Belüftung des Holzes. Mit einem wasserfesten Anstrich und einer Plane o. Ä. vor Regen schützen. Wir haben zwei bepflanzte Blumenkübel vor der Hauswand nah beieinander aufgestellt, eine imprägnierte Holzplatte für den Balkon von unten mit Plastik bespannt und auf dem Rand der Blumenkübel aufgebockt. Fertig. Jetzt gibt's immer einen Vorrat an »wertlosen« Zweigen, bei dem man nicht zögert, sie zu verbrennen.

Ist das Holz noch feucht, erfüllt Kohle denselben Zweck. Grillen Sie aber nur, wenn Sie Lust dazu haben! Das Essen sollte nicht der Zweck des Feuers sein, sondern das Verbrennen schlechter Energien.

Ob Holz- oder Kohlefeuer: Ruhig Grillanzünder (den natürlichen aus Wachs und Holzresten, nicht den stinkenden mit Chemie) verwenden, damit das Feueranzünden Spaß macht und nicht zur Nervenprobe wird. Kinder auf weiten Abstand setzen. Feuer anzünden und sich davorstellen. Gedanklich alles, was Sie gerade belastet, von den Flammen verzehren lassen. Optional: ein wenig getrocknete Kräuter/Gewürze (Rosmarin- oder Lavendelzweige, Salbeiblättchen, Zimtstangen …) in die Flammen streuen. Einfach den Duft genießen oder den Rauch verwedeln.

Bewusst atmen

Nerven beruhigen – zwischendurch: Wo Sie gehen oder stehen auf die Atmung konzentrieren. Durch die Nase ein- und durch den Mund ausatmen. Beim Einatmen zählen Sie bis vier, beim Ausatmen bis acht. Insgesamt 20-mal ein- und wieder ausatmen. (Sie können die Anzahl der Atemzüge mit den Fingern vermerken und die Dauer der Atemzüge im Kopf mitzählen.)

Spüren Sie den Unterschied? Bewusstes Atmen beruhigt nämlich den Körper. Durch das ganze Zählen geben Sie sich nicht nur einen beruhigenden Takt vor, sondern merken auch, wenn Ihre Konzentration von der Atmung abschweift.

Seelenfutter

»Endlich, endlich Pause machen!«, »Wenn ich nur könnte, würde ich …«

Legen Sie eine Kladde an eine zentrale Stelle zu Hause oder verwenden Sie Ihr Tablet/Smartphone, um festzuhalten, wonach Sie sich sehnen – und was Ihnen gutgetan hat. Wenn Sie ein paar Wochen lang gesammelt haben, gehen Sie Ihre Sehnsuchtsnotizen durch. Was davon kann man mit Kindern verwirklichen? Was davon zu Hause und was nur unterwegs? Vielleicht ist etwas dabei, das sich für eine Auszeit am Morgen eignet? Machen Sie kurze, knackige Listen, die Sie auch gern benutzen. (Mehr dazu bei »Wertvolle Kleinigkeiten«.)

Mir reicht's!

Wenn's Ihnen langt, setzen Sie zur Not sich selbst ins Time-out, nicht das Kind. Stellen Sie einen Küchenwecker auf fünf oder zehn Minuten, je nach Alter des Kindes. Setzen Sie Ihr Kind in sein Zimmer oder an einen anderen sicheren Ort und sagen Sie, dass Sie kurz etwas erledigen müssen und wieder da sind, wenn der Wecker klingelt. (Hören Sie den Timer eventuell nicht, stellen Sie auf Ihrem Handy einen zweiten, für sich selbst.) Halten Sie sich unbedingt an die Zeit – so begreifen selbst sehr anhängliche Kinder, dass Mama tatsächlich wieder da ist, wenn es klingelt, und lernen, Sie immer mal wieder loszulassen.

Nutzen Sie die zehn Minuten für sich. Prügeln Sie auf Kissen ein, wenn Sie sich aggressiv fühlen. Heulen Sie eine Runde und belegen Sie sich dabei mit Kissen, damit Sie sich gehalten fühlen. Bürsten Sie Ihre Haare oder machen Sie etwas anderes, das Ihnen neue Kraft gibt.

Haarebürsten ist eins *der* Mittel zur Entspannung. Kämmen Sie Ihre Haare mit den Fingern locker. Bürsten Sie drei oder fünf Minuten lang (auch mal kopfüber) mit einer angenehmen Bürste liebevoll alle Anspannung aus den Haaren, aus dem Körper.

Gesund klopfen

Sie können auf Holz klopfen, wenn der nächste Virus im Kindergarten umgeht – oder auf Ihre Brust, um Ihr Immunsystem auf Vordermann zu bringen.

So geht's:
Aufrecht sitzen oder stehen und mit der flachen Seite der Faust 100-mal auf Ihr Brustbein klopfen.

Warum das funktioniert, ist noch umstritten. Es gibt mehrere Kandidaten, die sich anbieten: Hinter dem Brustbein sitzt die Thymusdrüse, die für unser *Immunsystem* zuständig ist. (Ab der Pubertät wird sie aber immer weiter abgebaut – nicht gut für ein schlagkräftiges Immunsystem.) Unser Herz-Chakra sitzt dort, das ist zuständig für Mitgefühl, Liebe und *Heilung*. Und wer schon mal erlebt hat, wie wohltuend eine chinesische Massage ist, die das *Chi* im Körper zum Fließen bringt, der klopft bestimmt jetzt täglich, um etwas für den gleichmäßigen Chi-Fluss zu tun. Glauben müssen Sie davon nix – probieren Sie's einfach aus. Was dem Immunsystem auch hilft: viel Schlaf, die Vitamine D und C.

Prickelnde Füße

Bringt müde Geister und müde Füße auf Vordermann: eine Handvoll (Meer-, Himalaja-) Salz aus der Küche in einer Plastikschüssel mit warmem Wasser lösen, ein paar Esslöffel Limettensaft (frisch gepresst oder Direktsaft) dazugeben. Füße in die Schüssel stecken und zehn Minuten prickeln lassen.

Statt einem Fußbad können Sie die Füße auch unter laufendem Wasser mit einem Zucker-Scrub schrubbeln, am besten einem, der Limettenöl enthält.

Wer mehr Zeit im Bad hat, kann auch eine Fuß-Maske auflegen. Auftragen und zehn Minuten einwirken lassen, abwaschen und dabei rubbeln. Der Dreck ist weg, die Hornhaut auch und eingecremt sind die Füße ebenso.

Superheldin voraus

Jede Mutter sollte ein Superheldin-T-Shirt haben! Sie wissen schon, diese T-Shirts, auf denen vorn ein großes *S* wie *Superman* abgedruckt ist. Das Shirt in einem möglichst weiblichen Schnitt kaufen, damit gleich klar ist, dass Sie kein Superman-Fangirl sind, sondern dass natürlich *Sie* die Superwoman sind.

Ahnen Sie schon in der Früh einen trüben Tag voraus, dann ziehen Sie sich das T-Shirt an. Wehe dem, der Ihren Superkräften in die Quere kommt!

Meine Ecke – gleich um die Ecke

Für Mütter, insbesondere von Kleinkindern, ist es enorm praktisch, wenn sie eine Rückzugsecke im Wohnzimmer haben. So kann das Kind (weiter-)spielen, während Sie Ihre Batterien aufladen.

Ihre Ecke sollte für Kinder nicht spannend sein (hinter einem Paravent lässt sich wunderbar Verstecken spielen), sondern ausgesprochen langweilig – zum Beispiel können Sie einen Hocker vor eine weiße Wand stellen oder einen Platz mit Blick auf eine stimmungsvolle Postkarte auswählen. Sehr gut geeignet ist eine visuelle Abtrennung vom Rest des Raums. Praktisch sind zum Beispiel Couch oder Tagesbett mit hohen Seitenwänden, hinter denen Mama sich (im Liegen) auch dann etwas abschirmen kann, wenn der Rest der Familie das Wohnzimmer belagert.

Sie können auch ein Meditationskissen oder einen flachen Strohhocker unter der Couch bereithalten. Bei Bedarf herausziehen und mit Blick in eine leere/stimmungsvolle Ecke parken, den Rücken zum Zimmer. Verwenden Sie Noise-Cancelling-Headphones mit »Talk Through«-Funktion und schöpfen Sie mit einer kurzen Meditation oder Traumreise (siehe Register) neue Kraft.

Eine kurzzeitige Abgrenzung, vor allem wenn Sie sich im selben Raum aufhalten, muss ein Kind schon früh zu akzeptieren lernen. Es hilft enorm, wenn Sie für solche Zeitspannen einen Kurzzeitwecker verwenden – das Kind sieht klar, wie die Zeit abläuft. Da Kinder kein Zeitgefühl haben, dehnen sich sonst Sekunden wie Kaugummi und es wird die »Trennung« von Ihnen nicht aushalten.

Wirkt wie Magie: Vom Einsatz des Kurzzeitweckers

Ich präsentiere Ihnen Ihren neuen Zauberstab – einen … Kurzzeitwecker.

Bauen Sie ihn an möglichst vielen Stellen in den Alltag mit Kind ein. Denn Kinder haben noch keinerlei Zeitempfinden. Drei Minuten nicht zu unterbrechen, während Mama telefoniert oder »in Ruhe einen Kaffee trinkt« – das ist eine Ewigkeit!

Schnauzen Sie Ihr Kind nicht an, nach dem Motto: »Gleieieieieieich! Ich habe jetzt schon fünfmal gesagt, dass ich *gleich* fertig bin!« Stellen Sie ihm stattdessen einen Timer vor die Nase, der gut sichtbar rückwärts die Zeit runterzählt. Das bringt schon bei Dreijährigen etwas und auch unseren Siebenjährigen macht ein Timer beim Anziehen morgens noch flott. Im »Trotzphasen-Survivalguide« (siehe Anhang) zeigen wir am Beispiel vieler typischer Trotzphasen-Momente (akuter Anfall mit Geschrei, Klo-Spektakel etc.), wie viel es bringt, einen Zeitmesser zu benutzen. Sie müssen auch keinen ratternden Küchenwecker mit sich herumschleppen – es gibt Gratis-Timer-Apps für jede Art von Tablet und Smartphone. Investieren Sie aber ruhig in einen peppigen Küchenwecker, damit Sie ihn Ihrem Kind zu Hause auch mal in die Hand drücken können, ohne dass der Vierjährige gleich mit Ihrem Handy spielt.

Lollis für alle

Spendieren Sie eine Runde leckere Lollis für alle. Bedingung: Ihr Kind muss an dem Platz sitzen, wo Sie es absetzen, und keiner spricht, bis der Lolli alle ist. Kauen gilt nicht! Setzen Sie sich Noise-Cancelling-Headphones auf und machen Sie eine Kurz-Meditation aus diesem Buch oder genießen Sie einfach die geschäftige Schleck-Stille.

Stimmungsaufheller

Ein ganz natürlicher Stimmungsaufheller ist Zitrus. Lassen Sie ätherische Zitrusöle verdampfen oder ritzen Sie mit dem Daumennagel die Schale von Zitrusfrüchten ein und riechen Sie daran.

Als gemeinsame Aktivität mit den Kindern können Sie auch Zitronenlimonade selbst machen. Rollen Sie die

Zitronen vor dem Auspressen fest über die Arbeitsplatte und pressen Sie dann wirklich den letzten Tropfen heraus – beides hilft beim Aggressionsabbau.

Die Ich-hasse-es-Liste

Ja, es ist destruktiv, aber heute setze ich mich hin und mache eine »Ich hasse es …«-Liste. Für alles andere habe ich nach zwei Stunden Ringkampf mit meinem Jüngsten in der Trotzphase keine Energie mehr. Der positive Nebeneffekt davon: In einer derart gefrusteten Grundstimmung segelt man sehr nah an der Wahrheit. Schaut man die Liste mit klarem Kopf einen Tag später an, kommt man Grenzverletzungen auf die Spur, die immer wieder zu Kampf und Streit führen. Und zu Mega-Frust bei der Mama. Hier anzusetzen lohnt sich. Der zweite positive Nebeneffekt ist: Wenn man den Hass stumm in eine Liste oder (noch besser) eine Collage schüttet, wirft man nicht dem Nachwuchs im Affekt Sätze an den Kopf, die einem später leidtun.

Ein paar Beispiele für die Ich-hasse-es-Liste:

»Ich hasse es, dass ich für mich persönlich nichts für den Tag einplanen kann, weil ich nie weiß, ob er nun Mittagsschlaf macht oder nicht.«

»Ich hasse die Willkürlichkeit – mal bleibt er wach, mal ist er wach, aber nölig vor lauter Müdigkeit, mal schläft er.«

»Ich hasse es, dass ich nicht einfach die Tür zu seinem Zimmer abschließen kann, damit er kapiert, dass ich jetzt PAUSE brauche – ob er nun schläft oder spielt.«

»Ich hasse es, dass er nicht akzeptieren kann – wenn ich mich im Schlafzimmer einschließe, brauche ich mal Zeit für mich. Für ihn geht dann gleich die Welt unter. Eigentlich hasse ich damit, dass ich für ihn so *überlebensnotwendig* bin, dass die Welt untergeht, wenn man mich physisch von ihm trennt. Ich soll immer auf Ankuschel-Abruf sein.«

Bienen-Atmung

Singen und Meditation tun richtig gut bei Stress. Etwas, das ich in der Schwangerschaft mit Kind Nummer zwei kennengelernt habe und das auch super bei Stress (zum Beispiel in der Trotzphase!) wirkt, ist die »Bienen-Atmung« aus dem Yoga.

Probieren Sie's gleich mal aus – am besten aber nicht in einem Großraumbüro …

Setzen Sie sich auf einen Stuhl oder mit geradem Rücken auf den Boden. Ich sitze dabei lieber auf dem Boden, am besten draußen im Wald. Das gibt ein wunderbares Gefühl von Erdung. (Ja, auch Esoterik-Muffel erdet das …)

In der Original-Haltung legt man die Hände übers Gesicht und verschließt alle Sinnesorgane mit den Fingern: Augen, Ohren, Nase und Mund. (Die Nase wird allerdings nur symbolisch bedeckt, damit Sie genug Luft bekommen.)

Wenn Ihnen das zu klaustrophobisch ist, können Sie einfach die Hände über beide Ohren legen und die Augen schließen.

Langsam durch die Nase einatmen. Beim Ausatmen

bleibt der Mund geschlossen und Sie machen ein leises Geräusch – es klingt, als würde eine Mini-Hornisse in Ihrem Kopf herumgeistern.

Bei den ersten Versuchen fünf Atemzüge durchhalten. Später können Sie ruhig fünf Minuten mit Bienen-Summen verbringen.

Die Vibrationen entspannen und vertreiben kreisende Gedanken auf ähnliche Weise wie das Mantra-Singen. Man fühlt sich, vielleicht durch die Geste des Ohren-Zuhaltens, wie ein Kind, das für einen Moment seine Zauberkraft benutzt, um die ganze Welt außen vor zu lassen.

Spielen Sie ruhig mit diesem Gedanken und der Bienen-Atmung. Ändern Sie zum Beispiel mal die Tonlage oder »sirren« Sie eine Melodie. Das macht Spaß und hebt die Laune.

Traumreise Erde

Entspannen mit dem Element Erde können Sie auf dieser geführten Traumreise. Lassen Sie sich den Text vorlesen oder nehmen Sie ihn auf einem Gerät auf, indem Sie ihn langsam laut vorlesen, zum späteren Abspielen geeignet.

> *Schließ deine Augen.*
> *Beweg dich ein wenig, bis du ganz entspannen kannst.*
> *Lass den Boden oder den Stuhl das ganze Gewicht*
> *deines Körpers tragen.*
> *Atme tief ein •••.*
> *Und aus •••.*

*Noch einmal: Atme tief ein • • •.
Und aus • • •.
Atme ruhig weiter, so, wie es dir angenehm ist.
• • • Spüre den Atem durch deinen Körper fließen.
• • • Spüre, wie er dich beruhigend durchströmt.
• • •*

Öffne langsam deinen inneren Blick. Vor dir siehst du Felder im Sonnenschein.
• • •

*Eine leichte Brise lässt die Halme wippen.
Wenn du schnupperst, duftet es nach Wildblumen und Kräutern.
Nach frischgemähten Wiesen – oder nach dem, was dir angenehm ist.*
• • •

*Zu deinen Füßen beginnt ein Pfad.
Er schlängelt sich durch die Felder zu einem Waldstück.
Du folgst diesem Pfad.*
• • •

Du trägst keine Schuhe. Du fühlst den weichen Grund aus festgetretener Erde und Gras. Warm schmiegt sich der Erdboden mit jedem Schritt an deine Fußsohlen.
• • •

*Schritt für beschwingten Schritt kommt der Wald dir langsam näher.
Die Bäume rauschen sanft im Wind.*
• • •

*Du betrittst den Wald und es wird für einen Moment angenehm kühl auf deiner Haut.
Erfrischt machst du den nächsten Schritt, tiefer in den Wald hinein.*

*Das Licht wird grüner und sanfter, gefiltert durch
tausende von Blättern. Sie umgeben dich wie ein
schützender Kokon.*
*Die Luft fühlt sich frischer und grüner an. Es duftet
nach Laub und Erde, nach Pilzen, nach Beeren.*
*Es ist stiller hier. Weit entfernt trillert ein Vogel,
und du hörst das allgegenwärtige sanfte Rauschen
der Bäume.*
*Rote und braune Pilzhüte blitzen aus dem Laub hervor.
Tautropfen glitzern im Moos.*
*Diese Zeichen führen dich zu einem großen, alten
Baum.*
*Er ist stark und so dick, dass du ihn mit beiden
Armen nicht ganz umfassen kannst.*
*Als du ihn berührst, spürst du seine Einladung:
Lehn dich an mich. Lass mich dich tragen.*
• • •

*Es ist angenehm, sich an die glatte, sonnenbeschienene
Rinde zu lehnen.*

110

*Der Baum ist breit und stark, du kannst dein ganzes
Gewicht gegen ihn lehnen.
Lehn auch den Kopf an ihn und schließe deine Augen.*
• • •
*Unter den Füßen spürst du warme, weiche Erde.
Sie duftet ganz frisch.
Spielerisch gräbst du die Zehen hinein, genauso wie
der Baum an deinem Rücken seine Wurzeln tief ins
Erdreich schickt.
Spüre, wie viel Kraft der Baum aus der Erde zieht.
Es ist ein feiner, pulsierender Strom, der weit unter
deinen Füßen in der Erde beginnt.
Nimm dir von dieser Kraft, raunt der Baum.
Es ist ganz leicht, die Verbindung herzustellen.
Langsam steigt die Energie wie perlendes Wasser
in dir auf,
von den Füßen, die Beine hoch,
den Bauch und den Rücken entlang.
Sie füllt deine Arme mit Leben bis in die Fingerspitzen,
perlt weiter hinauf, durch deine Brust und deinen Hals.
Der sanfte Strom aus Energie durchströmt wie klares
frisches Wasser deine Gedanken,* • • • *deine Augen,* • • •
deine Lippen, • • • *deinen ganzen Kopf.*
• • •
*Du spürst, wie alles erwacht. Wie dich neue Kraft
durchströmt.*
• • •
*Ganz sanft verlässt dich die Energie durch deinen
Scheitel.
Sie nimmt alles mit sich, das du gern loswerden
möchtest.*
• • •

Du fühlst es genau: Der Vorrat an erdender Energie unter deinen Füßen ist unermesslich. Du kannst so viel Stärke und heilende Energie tanken, wie du möchtest – wann immer du möchtest.
Genieß es noch eine Weile, wie die Energie dich fein perlend durchströmt.
...
...
Du fühlst dich erfrischt.
Ganz im Hier und Jetzt.
Gib jetzt an den Boden ab, was du nicht mitnehmen möchtest. Lass einfach alle kreisenden Gedanken, alle Zweifel, alle Erschöpfung deinen Körper hinabtropfen in deine Füße und von dort in den Boden.
...
Werde dir bewusst, dass du gegen die Rinde des Baumes gelehnt stehst. Auch hier kannst du dich anlehnen, Stärke tanken, Zweifel abgeben. Du wirst sicher gehalten.
...
Du stehst fest und gerade. Unerschütterlich, wie der Baum.
(... etwa eine Minute Zeit geben)
Komm jetzt ganz langsam zurück in deinen Körper.
Strecke dich ein wenig.
Gähn, wenn du magst.
Komme ganz in deinem Körper an.
Öffne langsam die Augen.
Willkommen zurück.

Trinken Sie ein Glas Wasser, um wieder ganz in die Gegenwart zurückzukehren.

Lassen Sie den Kopf hängen

Die *Vorbeuge* (eine Position aus dem Yoga) entspannt, bringt einen kurzen Moment der Einkehr und gibt Fokus, außerdem werden bei der Vorbeuge Nacken, Schultern und der Rücken sanft gedehnt.

Es gibt Dutzende von Varianten. Probieren Sie aus, welche Ihnen am meisten bringt bzw. zu Ihrem Grad von Fitness passt. Die Brust immer möglichst nah zum Oberschenkel bringen, aber nichts erzwingen. Wie immer im Yoga gilt: »Jeder nur so weit er kann.« Reißen Sie nicht an Ihrem Nacken oder Rücken, sondern dehnen Sie sich sanft.

Hier zwei Varianten (Fotos siehe www.land-der-abenteuer.de/yoga-vorbeuge-entspannen); die erste ist gut, um im Kindertrubel zur Besinnung zu kommen. Die zweite ist besonders gut für verspannte Schultern.

So geht's:

Aufrecht auf der Matte stehen, der Rücken ist gestreckt. Füße geschlossen nebeneinander.

Einatmen und die Arme über die Seiten langsam nach oben heben, Handflächen zeigen nach oben. Ganz gen Decke strecken. Nicht ins Hohlkreuz fallen, sondern das Becken aktivieren.

Ausatmend aus der Taille nach vorn sinken, bis die Hände den Boden links und rechts der Füße berühren. Ist das nicht mit geraden Beinen möglich, einfach ein paar Klötze links und rechts der Füße parken, auf denen Sie die Hände ablegen können. Im Kinderzimmer findet sich auch immer etwas Passendes, wenn Sie keine Yoga-Klötze haben.

Die Knie gerade lassen und die Taille bewusst noch etwas strecken. Ganz sanft die Brust und den Kopf näher an die Beine bringen. Den Kopf und den Oberkörper entspannen. Das einzig Aktive sind die Beine, hier kann man ruhig eine Dehnung spüren.

Fünf Atemzüge sanft fließen lassen und dabei ganz mit der Aufmerksamkeit nach innen wandern.

Die Haltung lösen, den Kopf langsam wieder heben und den Rücken strecken. Mit den Händen die Hüften fassen und sich mit der Kraft der Beine aufrichten.

Ist das zu schwierig, können Sie auch erstmal die einfachere Variante üben: Alles wie oben beschrieben, aber bevor Sie sich nach vorn sinken lassen, verschränken Sie die Hände hinter dem Rücken. Die Arme sind gerade. Lassen Sie den Oberkörper nach vorn sinken, so nah an die Beine, wie es Ihnen gut möglich ist. Die Arme mit verschränkten Händen sind jetzt parallel zum Boden und Sie spüren, wie Schultern und Nacken sanft gedehnt werden.

Maca für die Mama

Probieren Sie mal, ob Ihnen Maca-Pulver mehr Energie gibt. Sie können es beispielsweise unter Müsli, Joghurt oder Smoothies rühren. Maca wird traditionell dauergestressten Menschen empfohlen, die eventuell auch noch unter Schlafdefizit leiden. Vielleicht liegt es an den Inhaltsstoffen? Maca enthält von Natur aus Jod und Magnesium – Nährstoffe, die für Mütter essentiell sind.

Ich werde geliebt und unterstützt.

Bauchgefühl

Christine Arylo und Amy Ahlers haben eine »Reformschule für das gemeine Mädchen in unserem Innern« gegründet. In ihren Seminaren vermitteln sie Frauen einen positiveren, liebevolleren Umgang mit sich selbst.

Probieren Sie mal folgende Übung aus der *Inner Mean Girl Reform School* aus:

Setzen oder legen Sie sich hin.

Legen Sie eine Ihrer Hände auf Ihren Bauch.

Schließen Sie die Augen und sagen Sie sich, laut oder leise: »Ich liebe dich, – (Ihr Vorname).« Sagen Sie es noch mal, immer wieder: »Ich liebe dich, –«, »Ich liebe dich, –«. So lange, bis Sie es wirklich spüren.

Lassen Sie die Hand dabei auf Ihrem Bauch ruhen und spüren Sie die Liebe. Tauchen Sie für einen Moment in dieses Gefühl ein.

Kommen Sie dann zu sich und spüren Sie, wie warm Ihre Hand auf Ihrem Bauch liegt. Fragen Sie sich: »Liebe – (Ihr Vorname), was brauchst du heute, damit du dich umsorgt fühlst?«

Das Krokodil

Diese Yoga-Übung tut gut bei Rückenschmerzen und um einen stressigen Tag abzuschütteln. Sie kann auch ein guter Abschluss für jede Art von Sport (inklusive Yoga-Übungen) sein.

So geht's:
Legen Sie sich auf den Rücken auf eine Yogamatte.

Stellen Sie die Füße vor dem Gesäß auf; die Beine haben Kontakt.

Strecken Sie die Arme nach rechts und links aus, bis sie etwa auf Schulterhöhe liegen. Die Handflächen zeigen zum Boden.

Drehen Sie den Kopf sachte nach links und schauen Sie auch nach links.

Lassen Sie die Knie nach rechts sinken.

Prüfen Sie, ob Ihre Schultern noch flach am Boden liegen, ob Ihr Oberkörper noch flach am Boden liegt.

Atmen Sie fünf Mal tief ein und aus.

Heben Sie dann sacht die Knie wieder an und führen Sie sie in die Ausgangsposition zurück. Der Kopf dreht sich zurück in die Ausgangsposition.

Führen Sie die Übung zur anderen Seite aus: Kopf nach rechts drehen, Knie fallen nach links …

Wiederholen Sie diesen Bewegungsablauf zwei- bis dreimal nach links und rechts.

Kinder lieben es, bei dieser Übung mitzumachen. Man kann sie für sie gut abwandeln, indem man sie mit den Armen das Maul des Krokodils formen lässt – es schnappt zu, während der Schwanz (die Knie) sich von links nach rechts bewegt.

Drehsitz

Der Drehsitz ist eine entspannende Yoga-Übung, die sehr gut gegen Rückenschmerzen und bei beklemmenden Gefühlen hilft. Es gibt ihn in verschiedenen Varianten.

Hier meine Lieblings-Variante:

Legen Sie ein Stillkissen oder ein dickes Sofakissen (die Form sollte länglich sein) auf eine Yoga-Matte. Hocken Sie sich über das Kissen in den Fersensitz. Sitzen Sie aufrecht und gesammelt.

Legen Sie die rechte Hand an Ihren linken Beckenknochen. Führen Sie die linke Hand auf das Stillkissen hinter Ihrem Po. Legen Sie die Hand da ab, wo Ihre Wirbelsäule lang bleiben kann. Zwingen Sie sich zu nichts.

Ihr Oberkörper dreht sich mit, während Ihr Becken weiterhin ganz gerade auf dem Kissen bleibt. Der Blick geht über die linke Schulter.

Sie spüren die Dehnung in Ihrer Taille und in Ihrem Rücken bis in die Schultern hinauf. Atmen Sie langsam in die Dehnung und spüren Sie, wie sich Ihr Körper entspannt.

Entspannen Sie dann beide Hände und Arme, drehen Sie den Kopf nach vorn zurück und lassen Sie den Oberkörper der Bewegung folgen, bis Sie wieder geradeaus schauen. Atmen Sie tief ein und aus. Führen Sie mit dem Ausatmen Ihre linke Hand an Ihren rechten Beckenknochen, die rechte Hand hinter sich etc.

Die eben beschriebene Übung ist eine Einsteiger-Variante des Drehsitzes. Wenn es Ihnen sehr leicht fällt bzw. Sie keine Dehnung spüren, schauen Sie doch mal in einem Yoga-Buch oder im Internet andere Varianten an und probieren Sie sie einfach aus.

Mir gefällt diese Variante, die ich im Schwangerschafts-Yoga kennengelernt habe, am besten, da man sich nicht nur angenehm gedehnt fühlt, sondern auch schön gehalten und geborgen durch den weichen Sitz im Kissen.

Hand aufs Herz

Der Fersensitz auf einem gemütlichen Kissen eignet sich auch gut als Auftakt für den Tag oder Ihre Yoga-Praxis: Bevor Sie den Drehsitz üben, legen Sie die rechte Hand auf Ihr Herz und sagen Sie sich (laut oder im Stillen), was Sie sich für diesen Tag wünschen bzw. was Sie sich vom heutigen Training erwarten. Denken Sie nicht lange nach – bei mir ist es oft eher ein Stoßgebet: »Ich möchte zehn Minuten Yoga machen und mich dabei entspannen, ohne dass Urschreie aus dem Kinderzimmer kommen« … Lassen Sie dann die Arme zu den Seiten gleiten, atmen Sie aus und beginnen Sie mit dem Drehsitz.

Kerzen-Meditation

Auch Einsteigern fällt diese Meditation meist leicht. Sie können sie auch unauffällig praktizieren, während Ihre Kinder einen Snack essen oder Ähnliches.

Suchen Sie eine Bienenwachskerze aus oder eine Duftkerze, die Sie hübsch finden. Stellen Sie sie auf einen feuerfesten Teller und diesen entweder auf den Boden oder einen (Couch-) Tisch – je nachdem, wo Sie meditieren möchten. Setzen Sie sich mit überkreuzten Beinen auf ein Sitzkissen vor die Kerze. Experimentieren Sie, bis die Kerze die richtige Höhe für Sie hat, sodass Sie bequem in die Flamme schauen können. Sie können die Kerze auch auf einem Stuhl mit gerader Sitzfläche aufstellen und sich auf den Boden vor den Stuhl auf ein bequemes Kissen setzen.

Zünden Sie die Kerze feierlich an, legen Sie das Feuerzeug/die Streichhölzer weg.

Sitzen Sie möglichst gerade, aber unverkrampft, und konzentrieren Sie sich ganz auf Ihre Atmung. Atmen Sie zehnmal langsam ein und wieder aus. Das Ein- und Ausatmen sollte in etwa gleich lang dauern. Halten Sie den Blick dabei auf die Kerzenflamme gerichtet. Lassen Sie nichts als die Kerzenflamme und Ihren Atem Ihre Aufmerksamkeit erfüllen.

Es werden Gedankenfetzen an Ihrer Aufmerksamkeit zerren. Lassen Sie sie einfach vorbeitreiben und konzentrieren Sie sich wieder auf das Kerzenlicht.

Schließen Sie die Augen für einen Moment und schauen Sie, ob Sie die Flamme trotzdem noch in Ihren Gedanken sehen können. Öffnen Sie die Augen wieder und machen Sie weiter.

Variante

Sie können es zu einem kleinen Ritual machen, eine Kerze zum Essen anzuzünden – mit der festen Regel, dass die Kerze nicht berührt werden darf. Versenken Sie sich immer mal wieder für eine Minute in Ihrer Atmung und der Kerze – Ihre essenden Kinder werden es nicht bemerken, und für Ihre Nerven ist diese Kurz-Meditation Balsam.

Abends –
Jetzt bin ich dran!

Der Abend gehört Ihnen. Nutzen Sie die Sendepause Ihrer Kinder, um Reserven für den nächsten Tag anzulegen und um zur Ruhe zu kommen.

Du kannst nicht nach den Sternen greifen, wenn deine Hände noch voll sind mit dem Krempel von gestern.

Verfasser unbekannt

Meine Heldinnen ...

Für die folgende Übung können Sie schreiben, malen oder eine Collage kleben – wonach Ihnen heute am meisten ist.

Gibt es Helden oder Heldinnen, die Sie verehren?
Es ist ganz egal, ob das Ihre Lehrerin in der dritten Klasse, Lady Gaga, Joss Whedon oder Ghandi ist: Halten Sie in den folgenden zehn Minuten fest, was Sie an dieser Person so bewundern oder früher einmal bewundert haben. Sie können die Person auch googlen, ein Bild von ihr ausdrucken, dieses auf einen Block kleben und kurze Stichpunkte drumherum schreiben. Zensieren Sie sich nicht.
Wie lautet der Name des Helden?
Was fällt Ihnen als Erstes ein, wenn Sie an sie/ihn denken?
Was wissen die meisten Menschen vielleicht nicht über Ihre Heldin/Ihren Helden?
Sie können auch einen Brief schreiben: »Liebe/lieber (...), ich werde nie vergessen, wie ich zum ersten Mal sah/las, dass du ...«
Leben Sie sich aus bei dieser Übung, haben Sie Spaß dabei.

In meinen Kursen entstehen bei dieser Übung die witzigsten und auch berührendsten Porträts. Oft lernen wir Neues über Figuren, die wir alle kennen – da durch die Perspektive der einzelnen Kursteilnehmerinnen bestimmte Aspekte stärker sichtbar werden.

Man kann das Spiel auch auf den Kopf drehen und sich mit einem Anti-Helden beschäftigen oder klassischen Figuren. Was macht den Wolf in »Hänsel und

Gretel« zum »Helden«? Aus solchen Spielereien entwickeln Comic-Zeichner und Comedians oft ihr Material.

Heben Sie die Notizen zu Ihrem Helden auf und schauen Sie in ein paar Wochen noch mal drauf, ob Ihre Heldin bzw. Ihr Held Impulse für Ihren Alltag liefern kann. Was müssten Sie vielleicht verstärken, Sie sich zutrauen, mal ausprobieren, um Ihrem Helden/Ihrer Heldin ähnlicher zu sein? Es gibt auf jeden Fall Gemeinsamkeiten, denn sonst würde Sie diese Person kalt lassen.

Yoga gegen schwere Beine

Im Folgenden finden Sie drei Yoga-Übungen, die Ihnen guttun, wenn Sie unter langem Stehen oder schweren Beinen leiden. Genießen Sie über den Nachmittag verteilt oder am Abend zwei der folgenden Asanas und halten Sie sie jeweils für fünf Atemzüge.

Zeitaufwand
Nicht mehr als ein paar Minuten.

Asanas
* Das Dreieck (www.land-der-abenteuer.de/yoga-das-dreieck)
* Viparita Karani
* Geschirrspülen wie ein Baum

Viparita Karani
Eine Matte oder einen Spielteppich direkt vor die Wand legen. Ein flaches (!) Kissen bereitlegen. Seitlich mit dem Po an die Wand setzen, ganz eng.

Beine langsam seitlich an der Wand hochführen, bis Sie sie gerade die Wand hochlegen können. Wem das zu unbequem ist, der kann das Kissen unter den unteren Rücken legen (über dem Gesäß).

Fünfmal oder länger tief und ruhig atmen. Besonders in die Hüfte und die Beine atmen, um die Dehnung auszuhalten. Beine langsam (!) wieder die Wand herunterführen und sich seitlich aus der Position rollen.

Variation

Beine an der Wand grätschen und ein paar Atemzüge diese Haltung beibehalten. Fußsohlen aneinanderlegen und wieder ein paar Atemzüge lang halten. (Fotos zu dieser Übung mit Variationen finden Sie auf: www.land-der-abenteuer.de/yoga-gegen-schwere-beine)

Ich liebe diese Übung, da sie nicht nur die Beine und den unteren Rücken dehnt, sondern da sie uns auch zur Ruhe kommen lässt. Man ist so in sich gerollt in dieser Position, sieht nur die Wand und die eigenen Beine – das führt in nur ein paar Atemzügen zur Ruhe.

Geschirrspülen wie ein Baum

Die folgende Yoga-Übung tut allen gut, besonders aber jenen, die bei der Küchenarbeit häufig von Rückenschmerzen heimgesucht werden. Die Lösung: Schnippeln oder spülen Sie in Abwandlung der Baumhaltung.

So geht's:

Gerade stehen, aber nicht versteift. Aus dem rechten Schuh schlüpfen. Das rechte Bein seitlich heben und anwinkeln, den Fuß gegen die Innenseite des anderen Beins drücken. Nie gegen die Kniekehle pressen; entweder den Fuß darunter oder darüber parken.

Das linke (Stand-) Bein drückt wiederum gegen den Fuß – so stabilisieren Sie die Haltung.

Und jetzt spülen Sie Ihr Geschirr. Nach ein paar Minuten das Bein langsam lösen, absenken, in den Schuh schlüpfen. Linken Schuh abstreifen – alles auf der anderen Seite wiederholen.

Immer alle paar Minuten die Seite wechseln.

Wenn Sie beim Üben einen Druck im Becken spüren, halten Sie sich an etwas fest oder lehnen Sie sich an das Spülbecken an, um Ihr Becken zu entlasten.

Falls Sie schon immer mal das Gesprächsthema auf einer Party sein wollten, können Sie diese Haltung grundsätzlich überall da einnehmen, wo Ihnen langes Herumstehen schmerzhaft auf den Rücken schlägt … Die Baumhaltung bringt auch frische Energie und hilft, zurück zur eigenen Mitte zu finden, daher ist sie besonders gut geeignet für den Übergang in den kinderfreien Teil Ihres Abends – auch ganz ohne Spülen.

Ich muss nicht immer stark sein.

Märchen geben Kraft und wecken die Fantasie

Haben Sie es als Kind nicht auch geliebt, Geschichten erzählt oder vorgelesen zu bekommen? Graben Sie diese Liebe wieder aus – sie ist gut für Ihre Entspannung. Im Therapeutischen Schreiben arbeitet man nicht ohne Grund mit Märchen.

Ich will Sie nicht mit Erklärungen über Archetypen und die Heldenreise langweilen – probieren Sie einfach die Kraft von selbst erfundenen (kurzen) Geschichten aus.

Hangeln Sie sich mit Ihrer Version an einem existierenden Märchen entlang oder erfinden Sie nach dem Zufallsprinzip etwas Neues für Ihre Kinder (siehe unten). Der Zeitaufwand ist gering: Im Kurs für Kreatives Schreiben sind die Märchen in maximal einer halben Stunde entstanden.

Lassen Sie Ihr Kind Ihre Erzählung miterleben und eigene Anregungen einbringen, etwa indem Sie gemeinsam nach einer Lösung für die Heldin suchen. Gehen Sie auch auf Fragen ein, denn sie treiben die Handlung voran – bis zum Happy End.

Schöne Geschichten entstehen auch durch das zufällige Ziehen von Bildern. In meinen Schreibkursen verwende ich zum Beispiel das »Druid Craft Tarot«, dessen Illustrationen sich wunderbar als Märchen-Inspiration eignen. Sie können Gratispostkarten mit Bildern, Online-Tarots oder eine Bildersuche via Google verwenden – Hauptsache, der Zufallsfaktor beschert Ihnen die Bilder. Legen Sie vorher fest, welches Bild welche Rolle spielt. Ein Vorschlag: Das erste Bild stellt die Heldin/den

Helden dar. Das zweite Bild liefert das Hauptproblem des Märchens. Das dritte Bild bildet einen wichtigen, hilfreichen Gegenstand/Unterstützer ab. Das vierte Bild zeigt den/die Gegenspieler/in. So kam es im Kurs zum Beispiel zum »Märchen von der tapferen Teehändlerin«, die auszog, einen blonden Prinzen zu besiegen, der ... Aber das ist eine andere Geschichte und soll ein anderes Mal erzählt werden.

Massage gefällig?

Mütter, besonders die von Kleinkindern, haben viel zu tragen. Tun Sie etwas zur Entspannung Ihrer Muskeln. Da können auch Ihre Kinder schon mithelfen.

Wärmepflaster

Legen Sie sich einen Vorrat an Thermopflastern an, die sich an der Luft erwärmen (gibt's im Drogeriemarkt). Der Vorteil ist, dass die nur an zwei Ecken festgeklebt werden müssen – das kriegt man meist alleine oder mit Kinderhilfe hin. Die stärkeren Capsaicin-Pflaster muss Ihnen ein anderer Erwachsener aufkleben. Bei starken Rückenschmerzen bin ich aber auch schon mit einer Apothekerin im Nebenzimmer verschwunden und habe sie das Pflaster aufkleben lassen.

Hier ein paar Ideen für kleine »Massagen«, die Sie allein oder mit Hilfe Ihrer Kinder genießen können:

* Wärmen Sie mehrere kleine Kirschkernkissen in der Mikrowelle oder im Backofen an und lassen Sie Ihre Kinder die Kissen auf Ihnen drapieren. Die Wärme und das Gewicht der Säckchen entspannen.
* Schaffen Sie sich einen Satz Basaltsteine an. Erhitzen Sie die Steine möglichst langsam und auf eine Temperatur, die Ihnen und Ihren Kindern nicht die Hände verbrennt. Lassen Sie Ihre Kinder die Steine auf Ihrem Rücken, Ihren Armen etc. verteilen. Kinder können da einen akribischen Eifer entwickeln und haben ihren Spaß, besonders auch beim Stopfen der kleinsten Steine zwischen Mamas Zehen … Genießen Sie die Fürsorge.
* Sie können ein verspieltes Massagegerät wie die Marienkäfer mit vibrierenden Füßen oder auch die quietschbunten Rollen im Drogeriemarkt kaufen und Ihren Kindern in die Hand drücken. Kinder können noch nicht genug Druck aufwenden, damit sich tiefsitzende Verspannungen lösen (das muss dann Ihr Partner oder eine gute Freundin machen), aber wohltuend ist die »Behandlung« trotzdem.
* Geben Sie Ihren Kindern zum Massieren lieber einen festen Massageblock (zum Beispiel von Lush). Mit losem Öl passieren zu viele Unfälle, da können Sie sich nicht richtig entspannen.

Bloß weg hier!

Wenn ich ganz alleine wegfahren könnte für ein paar Wochen, führe ich nach …, weil …

Werfen Sie unzensiert Ihre Ideen auf ein Blatt – was bricht aus Ihnen heraus?
   Wenn Sie mögen, können Sie aus dem Ergebnis ein Traumboard basteln.

Zur Beruhigung eine Tasse Tee

Am Abend muss ein entspannender Tee in die Tasse. André von der jungen Versandfirma »5 Cups and some Sugar« (www.land-der-abenteuer.de/5cups) nannte mir folgende Tipps: »Wenn man auf der Suche nach koffeinfreien Tees ist, sind natürlich Kräutertees sehr gut, besonders auf Basis von Zitronenverbene und Melisse. Lecker und auch ohne Koffein erfrischend ist grüner Rooibos als Basis. Dazu dann von uns ein wenig Melisse und ein paar Blüten hineinmischen lassen. Und dazu ein gutes Buch.«

Meinen Schatz bewahren

Legen Sie sich ein *Art Journal* zu. Sie liegen damit voll im Trend, zumindest in Großbritannien und in Nordamerika. Einen schönen deutschen Begriff haben wir noch nicht erfunden – »Kunst-Tagebuch« klingt zu hochtrabend, »Skizzenbuch« ignoriert den Grundgedanken, dass das Buch unsere Höhen und Tiefen begleitet.

Jede simple Kladde kann zum Art Journal werden. Welche Art von Papier sich eignet, hängt davon ab, mit welchen Medien Sie sich gern abreagieren. Es gibt gebundene Skizzenbücher zu kaufen; die mit dickerem Papier (für Aquarell-, Acrylfarben oder Mixed Media) sind allerdings ziemlich teuer. Ich schnappe mir daher preiswerte DIN-A4-Kladden mit Pappdeckel, wenn ich im Angebot welche sehe. Meine Bilder male ich auf losem Papier, meist dickerem Aquarellpapier, damit es mehrere Farbschichten und auch Collagen aushält. Die Bilder klebe ich dann in das Buch und muss mir keine Gedanken machen, ob das Papier im Heft zu dünn ist. Alternativ kann man Papier mit einer Schicht Gesso verstärken und dann darauf mit Wasserfarben/Acrylfarben malen. Aber welche Mutter hat schon Zeit, erstmal einen Block zu präparieren?

Was kommt in ein Art Journal?

* Malen, zeichnen, schreiben Sie hinein, was Ihnen durch den Kopf schießt – und wenn es das Wort »Kaffee« liebevoll in Filzstift ausgemalt mit bunten Mustern drumherum ist, dann ist das auch schon ein wertvoller Schnappschuss Ihres Seelenlebens.
* Kleben Sie Ihre Texte, die mit den Schreib-Anregungen aus diesem Buch entstehen, dazwischen – nur, wenn Sie mögen.
* Fotografieren Sie Traumboards.
* Kleben Sie jedes Kritzelbild ein, das Sie nebenbei beim Telefonieren gemacht haben.
* Basteln Sie etwas aus Fimo oder mit Naturmaterial (Element Erde!), dann machen Sie ein Foto, drucken es aus und kleben es ins Buch.

* Manche Frauen nutzen das Art Journal auch als Collagen-Buch. Während die Kinder spielen, reißen sie aus Magazinen Bilder aus, die sie spontan ansprechen, und kleben alles zu einer Collage auf ein Blatt, ohne über Sinn und Zweck nachzudenken. So entstehen wöchentliche oder monatliche Schnappschüsse, ohne dass Sie zum Stift greifen müssen.

Das sind alles nur Vorschläge: Es ist Ihr Mal-, Schmier-, Abreagier-Tagebuch. Sie allein entscheiden, was hineinkommt. Es gibt nichts Entspannenderes, als sich kreativ zu betätigen – und Sie sind es wert, dass all Ihre kleinen und großen Kunstwerke gesammelt werden. Ob das eine Box mit Deckel ist oder ein gebundenes Buch, hängt davon ab, womit Sie am besten und ohne Mühe gern arbeiten.

Ein Zimmer für mich allein

Schreiben Sie über ein Zimmer für Sie allein.

Vielleicht gehören Sie zu den wenigen beneidenswerten Mamas mit einem eigenen Zimmer (Büro/Arbeitszimmer, Hobbyzimmer, Nähzimmer)?

Dann schreiben Sie auf, was dieses Zimmer für Sie so besonders macht. Wie es sich anfühlt, das Zimmer zu betreten, die Tür zu schließen. Was macht es gerade zu Ihrem Zimmer? Wie haben Sie ihm Ihren »Stempel« aufgedrückt?

Wenn Sie noch kein eigenes Zimmer haben, malen Sie es sich mit so vielen Details wie möglich aus. Wie sähe Ihr ideales Zimmer aus?

Wenn Sie mögen, können Sie dann versuchen, Ihre Träume in die Realität umzusetzen.

Legen Sie ein Traumboard oder Pinterest-Board an, auf dem Sie Ideen für Ihr Zimmer sammeln. Lässt sich in der Wohnung nicht wenigstens eine Ecke »für mich allein« umsetzen? Mit Kreativität und etwas handwerklichem Geschick geht das sogar in kleinen Wohnungen. Ich kenne einige Autorinnen, die eine mit Türen verschließbare Schreibecke zu ihrem Rückzugsort ausgebaut haben. Die kann man sogar fertig kaufen und muss sie nur noch »beziehen«. Kinder haben hier keinen Zutritt, die Tür ist gesichert.

Auf Pinterest finden Sie auch Fotos aus Nordamerika von Frauen, die ihre Waschküchen (dort meist ein ebenerdiger Raum, aber ohne Fenster) mit viel Farbe, einer als Fenster getarnten Lampe und guten Ideen zu einem kleinen Rückzugsort ausgebaut haben. Lassen Sie sich den Traum von einem eigenen Zimmer nicht nehmen! Mit Fantasie finden Sie einen Kompromiss, den Sie in jeder noch so kleinen Wohnung umsetzen können.

Abendbad zur Ruhe

Lösen Sie einen Salzkristall (Himalayasalz) oder mehrere Hände voll Meersalz im Badewasser auf. Tröpfeln Sie Bachblüten (zum Beispiel die Rescue-Tropfen oder eine Einschlafmischung) ins Badewasser, kurz bevor Sie in die Wanne steigen. Auch eine Empfehlung für gestresste Mamas: das Calendula Babybad (nicht Cremebad) von Weleda. Es sieht zwar aus, als hätte jemand in die Wanne gebrochen, aber es wirkt ungemein ausgleichend und beruhigend. Ebenso das Lavendel-Badeöl von Weleda. Zum Selbermischen: in einer Tasse Milch ein paar Tropfen naturreines Lavendelöl lösen und ins fertige Badewasser geben.

Zu entspannen fällt leichter, wenn Sie Quietscheentchen u. Ä. aus Ihrem Sichtfeld verbannen und das Bad etwas »weihnachtlich« schmücken, mit gedämpftem Licht/Kerzenschein, einer Lichterkette etc.

> Das Durchschnittliche gibt der Welt ihren Bestand, das Außergewöhnliche ihren Wert. Oscar Wilde

Mein Körper muss gehört werden

Schreiben Sie zehn Minuten lang nur über Ihren Körper, am besten eine freundliche Bestandsaufnahme oder eine Lobpreisung.

Wenn Sie eine Stelle schmerzt, können Sie es aufschreiben (Ihr Körper soll ja gehört werden!) – aber es geht nicht darum, sich jetzt zehn Minuten lang runterzumachen im Sinne von »Die fetten Oberschenkel habe ich von meiner Oma geerbt, die krumme Nase stört mich schon lange …«. Sie wissen ja: Was wir täglich denken, wird zu unserer Realität. Und was wir aufschreiben, erst recht. Wenn es Ihnen schwerfällt, sich objektiv oder positiv zu beschreiben, wählen Sie die Form eines Liebesbriefes. Wir tendieren dazu, in Liebesbriefen freundlicher und wohlwollender zu schreiben.

Greifen Sie ruhig auf poetische Ausdrücke zurück, wenn Ihnen welche einfallen, das macht Ihnen das Schreiben leichter und positiver. Lassen Sie es einfach fließen: »Meine wassermelonen-kugeligen Kurven, mein Klatschmohn-Haar …« Dass Ihnen der Klatschmohn eingefallen ist, weil der auch so dünne Blütenblättchen hat und eine unnatürliche Farbe, schimmert im Text nicht mehr durch.

Frauenpower durch Beckenbodentraining

Spätestens nach der Geburt des ersten Kindes bereuen die meisten Frauen, dass sie die 50 Beckenbodenübungen pro Tag nicht gemacht haben, die von Ärzten empfohlen werden. Denn der Beckenboden wird schnell überdehnt – durch die Schwangerschaft, durch schweres Heben und Tragen und einfach dadurch, dass wir älter werden. Am besten ist regelmäßiges, bewusstes Anspannen und Entspannen des Beckenbodens, immer wieder, den ganzen Tag über – im Bus, beim Telefonieren …

Ein trainierter Beckenboden ist übrigens nicht nur super für die Haltung und die beste Prophylaxe gegen Rückenschmerzen, sondern auch gut für mehr Spaß im Bett. Na, wenn das keine Gründe sind, um gleich mit dem Training loszulegen!

Basis-Übung Beckenboden

Wie spannt man den Beckenboden an? Die Hebamme Solveig Robbe empfahl mir folgende Power-Übung, mit der Sie alle Muskelschichten zugleich trainieren. Stellen

Sie es sich so vor: Die Muskeln verlaufen überkreuz, Sie sollten also eine Anspannung von Pobacke zu Pobacke und vom Rücken bis zum Bauch spüren.

Setzen Sie sich aufrecht auf einen Stuhl oder einen Gymnastikball, so nah an die Kante, dass Sie Ihr Becken frei bewegen können. Ziehen Sie Ihre Sitzbeinhöcker näher zueinander, ohne die Beine zu Hilfe zu nehmen. (Die Sitzbeinhöcker sind die beiden knochigen Vorsprünge, die Sie mit Ihren Händen im Sitzen an Ihrem Po ertasten können.) Halten Sie diese Spannung. Stellen Sie sich nun vor, Sie müssten dringend auf die Toilette – halten Sie Ihren Stuhlgang zurück. Spüren Sie schon die Anspannung am Allerwertesten? Kippen Sie nun Ihr Becken leicht nach vorne und versuchen Sie, die Spannung bis zum Bauchnabel nach oben zu ziehen. Angekommen? Dann stellen Sie sich vor, dass Sie Ihren Nabel nach innen »saugen« und ihn mit einem Druckknopf hinten an Ihrer Wirbelsäule befestigen. Das klingt kompliziert, wenn Sie es aber ein paar Mal geübt haben, ist es ganz einfach.

Ganz wichtig: Atmen Sie unbedingt weiter, da beim Luftanhalten Gewicht von oben auf den Beckenboden drückt. Halten Sie die Spannung, so lange es geht. Sie können auch immer wieder Spannung nachlegen, indem Sie die oben beschriebenen Schritte noch einmal ausführen. Am Anfang halten Sie die Übung vielleicht nur ein paar Sekunden durch, doch schon bald werden es mehrere Minuten sein. Das können Sie auch machen, während Ihre Süßen essen oder spielen. Außer, dass Sie etwas konzentriert »nach innen« gucken, fällt ja gar nicht auf, dass Sie gerade Sport machen.

Weitere Übungen für Mamas mit wenig Zeit
* Morgens im Bad beim Zähneputzen, Frisieren, Schminken Beckenboden-Gewichte benutzen (noch ein Grund mehr, das Bad vor den Kindern allein zu besetzen). Die Konen sehen aus wie Tampons mit Silikonhülle, sind unterschiedlich schwer und es gibt sie inzwischen in jedem Drogeriemarkt zu kaufen. Mehr Infos und Tipps finden Sie auf www.land-der-abenteuer.de/beckenboden.
* Tagsüber gute »Liebeskugeln« tragen, die werden sogar von Hebammen empfohlen und man kann sie ganz nebenbei anwenden (Tipp: Smartballs mit zwei Kugeln oder nur einer, *Luna Beads* von Lelo oder *Ami* von JeJoue).
* (Sex-)Spielzeug benutzen und mehr Sex – jeder Orgasmus trainiert den Beckenboden. Und trägt ja auch zur guten Laune bei. Win-win, also.
* Die *Brücke* oder den *Frosch* aus dem Yoga trainieren – ein Set mit etwa zehn Wiederholungen pro Tag, Trainierte können natürlich noch eins drauflegen.

Regenwald-Dusche

Denken Sie daran: Wasser spült negative Energien fort. Gönnen Sie sich eine kurze (oder lange) Dusche, sobald die Kinder eingeschlafen sind. Wenn Sie die Haare vor dem Nasswerden schützen, dauert das doch maximal zehn Minuten, mit An- und Ausziehen. Sie haben Zeit genug!

Die Entspannung maximieren können Sie, indem Sie im Dunkeln duschen.

Stellen Sie sich das Wasser und Ihre Umgebung genau so vor, wie Sie es jetzt, heute benötigen. Vielleicht ein Wasserfall im Regenwald, der Sie erfrischt? (Wassertemperatur eher auf kühl stellen.)

Oder ein prickelnder Strom aus »magischem« Wasser, der die schlechten Erfahrungen des Tages fortspült?

Lassen Sie sich ganz auf Ihre Fantasie ein und stören Sie sich nicht daran, im Dunkeln nach dem Duschgel zu tasten.

Erschrecken Sie sich nicht, falls sich in Ihren Gedanken die Farbe des Wassers drastisch ändert. Manche Mütter erzählen (hinter vorgehaltener Hand), sie hätten plötzlich in einem roten Blutstrom geduscht oder das Wasser sei pechschwarz an ihnen heruntergetropft. Machen Sie sich keine Sorgen! Ihr Gehirn versucht einfach nur, starke Emotionen des Tages in Farben zu packen (rot und schwarz wie Aggression und Trauer, zum Beispiel). Lassen Sie es geschehen, ohne zu werten. Kommen Sie dann sanft, aber bestimmt zu Ihrer angenehmen Fantasie zurück, von lichterfülltem Wasser benetzt zu werden, das Sie erfrischt.

Ein Sommerabend

Beschreiben Sie einen perfekten Sommerabend, so wie Sie ihn als Kind erlebt haben. Wenn es Ihnen leichter fällt, können Sie auch den idealen Sommerabend erfinden oder aus einem Buch verwenden: Wie die Kinder aus Bullerbü mit nackten Füßen durch den warmen Staub der Feldwege gelaufen sind; es ist noch ganz warm, obwohl es schon dämmert …

Dankbarkeit trainieren

Dankbarkeit lässt sich in den Tagesablauf einbauen wie das Zähneputzen – und dauert auch ungefähr so lang. *Ganz bestimmten* Momenten und Personen dankbar zu sein und das auch laut zu sagen (laut zu sich selbst genügt), macht uns laut Forschung nicht nur glücklicher, sondern auch gesünder. Gerade in der stressigen Kleinkindzeit rutscht man schnell in ein negatives Lebensgefühl. Immer bleibt alles Mögliche liegen, der Aufgaben-Berg wird immer höher, nie Zeit für sich selbst, lange Gesichter. Überwinden Sie sich und sagen Sie abends laut: »Ich bin dankbar dafür, dass wir alle gesund sind.« »Ich bin dankbar, dass sich Tim so gut im Kindergarten eingelebt hat.« »Ich bin dankbar, dass Rebekka so ein schönes Bild gemalt hat, extra für mich.« »Ich bin dankbar, dass Frank und ich einen Job haben.« »Ich bin dankbar für das erste Frühlingsgrün. Es zu sehen, hat mich heute sehr glücklich gemacht.«

Nichts ist zu klein oder zu groß für einen dankbaren Satz. Finden Sie jeden Tag drei Dinge, für die Sie dankbar sind. Gewöhnen Sie sich auch an, anderen Menschen selbst für Kleinigkeiten zu danken. Das ist keine leere Höflichkeit. Amerikanische Forscher haben herausgefunden, dass es uns selbst besser geht, wenn wir anderen danken. Das ist doch Win-Win für beide Seiten.

Noch mehr Ideen für ein kleines »Dankbarkeits-Training« finden Sie im »Trotzphasen-Survivalguide« (siehe Anhang).

Ich kann jederzeit aus mir eine unglaubliche Stärke schöpfen.

Rituale machen das Leben leichter

Rituale kennen die meisten von uns nur aus der Religion und als Bezeichnung für liebgewonnene Abläufe und Handlungen, die jemand partout nicht missen möchte. Aber Alltagsrituale sind mehr als das: Sie strukturieren den Tag und helfen, Ruhe-Inseln zu verankern, sodass wir auch in Stresszeiten eine kurze Auszeit nehmen können. Im Tages-, Wochen- und Jahresablauf bieten Rituale nicht nur Kindern Halt und Sicherheit – daher empfehlen Psychologen auch Erwachsenen, solche festen Gewohnheiten einzuführen.

Für Mütter sind zwei Arten von Ritualen entscheidend:

1. Machen Sie möglichst viel an täglich und wöchentlich wiederkehrenden Aktionen für die Kinder zu einem Ritual. Denn Ritualen folgt man einfach, man diskutiert nicht darüber! Das ist extrem nervenschonend, besonders mit Kindern in der Trotzphase. Kindern gibt ein ewig gleicher Ablauf auch Halt. Prüfen Sie umgekehrt, welche »Rituale« sich eingeschlichen haben, die so nicht funktionieren oder Ihnen noch mehr Stress bescheren. Was können Sie (allmählich) verändern, um den Druck weiter rauszunehmen?
2. Dann gibt es noch die Rituale, die Sie bewusst ergänzen sollten, um etwas für Ihre innere Ruhe zu tun. Vorschläge finden Sie über das Register. Bauen Sie auch diese kleinen Handlungen zu festen Zeiten in Ihren Alltag ein. Vielleicht machen Sie jeden Freitagabend zehn Minuten Space-Clearing in einem Raum der Wohnung oder zünden eine Kerze an, um die ver-

gangene Woche abzuschütteln. Oder Sie setzen sich immer sonntagmorgens mit einem Block und einer Kerze ins noch leere Wohnzimmer und malen oder schreiben etwas, während die anderen noch schlafen. Wenn Sie solche Handlungen zu festen Zeiten/Tagen einplanen, ist die Chance viel größer, dass Sie auch daran denken.

In der Familientherapie ist bekannt, dass familieneigene Rituale den Zusammenhalt fördern und Sinn stiften. Doch jede Familie lebt auf ganz eigene Weise – die Rituale müssen den individuellen Bedürfnissen angepasst und immer wieder hinterfragt werden, damit sie nicht zu sinnentleerter Routine werden, sondern das Wir-Gefühl stärken. Sie werden bald merken, wie gut Ihnen die regelmäßigen Abläufe und wiederkehrenden Ruhe-Inseln tun.

Nach Hause kommen

Schreiben Sie darüber, wie es sich anfühlt, nach Hause zu kommen.

Welche Richtung Ihre Worte einschlagen, bestimmen Sie selbst.

Sie können Ihr ideales Nachhausekommen beschreiben; wenn alles perfekt ist und Sie sich gleich wohlfühlen.

Oder mögen Sie vielleicht in der Vergangenheit schwelgen?

An einem Winterabend kurz vor Weihnachten von der Uni zu meinen Eltern nach Hause zu kommen, ist zum Beispiel für mich so ein magischer Moment. Den Koffer fallen lassen, das Haus duftet nach Tannengrün …

Sie können aber auch beschreiben, wie es sich an einem ganz gewöhnlichen Tag anfühlt, zu sich nach Hause zu kommen, vielleicht mit den Kindern im Schlepptau nach dem Kindergarten. Die Gedanken, die Ihnen durch den Kopf und aufs Papier schießen, können Sie nutzen, um Ihre Wohnung zu einer Wohlfühl-Oase für sich, Ihren Partner und die Kinder zu machen. Wie immer beim Wellness-Schreiben können Sie das Blatt aber auch einfach nach dem Schreiben vernichten – Sie müssen nicht zwingend damit arbeiten.

Heiße Öl-Kur für die Haare

Wer sich ganz luxuriös fühlen will, kann sich eine Lieblingsmischung aus ätherischen Ölen zusammenstellen, passend zum Haar. Für eigentlich alle Haartypen geeignet sind zum Beispiel Lavendel, Sandelholz und Geranie. Insgesamt nicht mehr als 20 Tropfen ätherisches Öl auf 125 ml Trägeröl verwenden; also bei drei Ölen zum Beispiel je Öl sieben Tropfen. Oder zehn Tropfen Lavendel, fünf Tropfen Geranie, fünf Tropfen Sandelholz etc. Als Trägeröl für Haar eignet sich zum Beispiel Sonnenblumenöl.

Das Basis-Öl vorsichtig erhitzen, bis es für Sie angenehm warm ist. Eventuell mit dem Ellbogen testen, wie beim Babyfläschchen, da die Kopfhaut empfindlicher als Ihre Finger ist. Wenn das Öl erhitzt ist, das ätherische Öl dazugeben, verrühren. Im Bad in die Haare einmassieren, besonders in die Spitzen. Wer das mag, kann zunächst eine Plastikhaube über die Haare ziehen, um die Wärme besser zu halten. Dann ein Handtuch um den Kopf schlingen. 20 Minuten bis eine halbe Stunde einwirken lassen, dann ausspülen.

Nadi-Shodana-Atmung

Nadi Shodana ist eine entspannende Atemübung aus dem Yoga, die auch schon Anfänger ohne Probleme durchführen können. Wortwörtlich bedeutet es »Reinigung der Nadis« – die Nadis sind die »Energiekanäle«, die durch den ganzen Körper laufen, vergleichbar dem Chi.

Die Wechselatmung löst Blockierungen im Körper und bringt uns wieder in Balance. Auf einer ganz praktischen Ebene ist sie auch sehr gut bei beginnendem Schnupfen oder um diesen zu verhindern, da der gesamte Nasenraum gut durchblutet wird. Immer ein Taschentuch bereitlegen …

So geht's:
Sich auf eine Matte, ein Meditationskissen oder einen Stuhl ohne Armlehnen setzen.

Aufrecht und konzentriert, aber innerlich entspannt sitzen.

Den rechten Arm heben.

Daumen und Ringfinger der rechten Hand werden zum Verschließen des rechten bzw. linken Nasenlochs verwendet. Mittel- und Zeigefinger werden leicht zur Handfläche hin gekrümmt, damit die Nase Platz findet.

(Einfach ausprobieren – es klingt komplizierter, als es ist.)

Den Mund schließen. Nicht zupressen, sondern einfach locker geschlossen halten. Ab jetzt wird nur noch durch die Nase geatmet.

Ein paar Atemzüge lang ankommen, zur Ruhe finden. Die ganze Aufmerksamkeit richtet sich auf den gleichmäßigen Atem. Der linke Arm liegt entspannt auf dem Oberschenkel oder dort, wo es am bequemsten ist.

Über beide Nasenlöcher tief ausatmen, Lunge leeren.

Das rechte Nasenloch mit dem Daumen verschließen und langsam über das linke Nasenloch einatmen.

Über das linke Nasenloch ausatmen.

Das linke Nasenloch mit dem Ringfinger verschließen, dabei das rechte Nasenloch freigeben und einatmen.

Und das jetzt immer ruhig im Wechsel.

Es dauert ein paar Atemzüge, bis sich ein gleichmäßiger Rhythmus einstellt, aber dann fällt es ganz leicht. Wer mag, kann dabei die Augen schließen. Oder einfach den Blick ins »Nichts« gehen lassen.

So lange die Nadi Shodana-Atmung praktizieren, wie es einem angenehm ist. Wenn der rechte Arm müde wird, beide Nasenlöcher freigeben und noch einmal mit beiden tief und ruhig ein- und ausatmen. Fertig.

Was ich an dieser Atmung und Meditation so gut finde:

Den meisten spuken beim Meditieren tausend und drei Gedanken im Kopf herum und es fällt schwer, sich auf »Nichts« oder den Atem zu konzentrieren.

Mit Nadi Shodana kommt man sofort aus dem Rhythmus, wenn die Gedanken sich von der Atmung wegbewegen. Man ist also ganz bei seinem Atem. Links ein, aus. Rechts ein, aus. Links ein, aus. ... Das macht innerhalb von Minuten total entspannt und erfrischt einen gedanklich besser als manch lange Meditations-Session.

Augentrost

Der Inbegriff von wohltuender Pflege – in der Wanne liegen mit einer Augenkompresse. Sieht in amerikanischen Filmen gut aus – und bei Ihnen zu Hause noch viel besser. Mhmmm, spüren Sie schon, wie Sie sich so langsam wieder wie eine sexy Frau fühlen, da im warmen Wasser?

Wenn ein Bad aus Zeitmangel nicht drin ist, können Sie sich auch einfach nur für fünf Minuten eine warme Kompresse für die Augen gönnen. Instant-Entspannung garantiert.

Wenn Sie am Bildschirm arbeiten, tut es Ihnen gut, sogar mehrfach die Woche die Augen mit einer Lidpflege zu belohnen – sagt der Augenarzt. Na, wenn das mal nicht eine gute Entschuldigung ist.

Einen sauberen Waschlappen unter sehr warmes Wasser halten und auswringen. Er verliert schnell an Temperatur – wenn Sie ihn auf die Augen legen, wird er hoffentlich nur noch angenehm warm sein. Statt nur Wasser kann man auch für die Augen geeignete Pflegeprodukte auftragen. Keine Augencreme, da sie brennen könnte.

Bevor Sie etwas Teures kaufen: Es gibt milde, seifenfreie Gesichtswaschcremes, die Ihnen einen doppelten

Dienst erweisen, da sie pflegende Stoffe enthalten. Wählen Sie ein Präparat, das zum Abschminken der Augen geeignet ist und nicht brennt.

Im Stuhl zurücklehnen, einen warmen Waschlappen auf die geschlossenen Augen legen und fünf bis zehn Minuten entspannen.

Bachblüten für Mütter

Hier ein paar Vorschläge, welche Bachblüten Ihnen guttun könnten. In entsprechenden Büchern und im Internet finden Sie noch viele weitere Bachblüten. Bei der Beschreibung merken Sie meist schnell, ob etwas für Sie dabei ist.

Haben Sie schon viele Bachblüten im Haus, können Sie die Blüten auch mit geschlossenen Augen in die Hand nehmen und die verwenden, die Sie im Blindtest angesprochen haben.

* Aloe Vera aus den Kalifornischen Essenzen: neue Energie für die, die sich zu viel zumuten (vor allem bei körperlicher Erschöpfung)
* Beech: für mehr Akzeptanz der Kinder-Eigenheiten und der Dinge, die Sie nicht ändern können
* Chamomile (Kamille) aus den Kalifornischen Essenzen: bei Nervosität wegen Überlastung, Schlaflosigkeit; bringt ein Gefühl von Umsorgt-Werden, von Sonnenschein (auch gut für Kinder mit Schlafstörungen)
* Elm: gibt mehr Mut, gut bei Überforderung
* Holly: hilft bei Gereiztheit und Aggressionen
* Impatiens: für mehr Geduld

* Kalifornische Wildrose aus den Kalifornischen Essenzen: bringt Lebensfreude und Elan
* Larch: mehr Selbstvertrauen; selbstsicher eigene Lösungen ausprobieren, bis die gefunden ist, die zu Ihrer Familie passt
* Blackberry (Brombeere) aus den Kalifornischen Essenzen: bringt Motivation, lässt uns besser fokussieren, auch wenn viel los ist; Ideen umsetzen und sich nicht in ihnen verlieren
* Dandelion (Löwenzahn) aus den Kalifornischen Essenzen: Überforderungen als solche erkennen, ständige An- und Verspannung (eher geistige) lösen, einen stressigen Alltag bewältigen
* Olive: vor allem bei Schlafmangel oder körperlicher Erschöpfung aus anderem Grund
* Schlaftropfen-Mischung (fertig zu kaufen): für besseres Einschlafen und Durchschlafen
* Star of Bethlehem und Red Chestnut: als Frustschutz
* Mischung für besorgte Eltern: Agrimony, Gentian, Heather, Red Chestnut, White Chestnut
* Mischung gegen Erschöpfung: Aloe Vera oder Olive, Elm, Gorse, Hornbeam, Mustard, Oak, Walnut, Wild Rose (britische oder kalifornische)

Bachblüten einnehmen

Geben Sie fünf Tropfen Bachblüten in ein Glas mit frischem Wasser. Im Akutfall trinken Sie alles auf einmal; ist es nicht so »dringend«, dann trinken Sie das Glas über den Tag verteilt aus.

Für eine Mischung verschiedener Bachblüten nehmen Sie am besten eine saubere Pipettenflasche (gibt es in der Apotheke oder dort, wo Sie online Bachblüten kaufen), geben ein paar Tropfen frisches stilles Wasser hinein, fügen dann von jeder gewünschten Bachblüte (maximal vier bis fünf Sorten) fünf Tropfen hinzu, dann noch mit der Pipette entweder Brandy oder Apfelessig, bis das Fläschchen fast voll ist. Verschließen und schütteln. Das hält sich ein paar Monate.

Erfahrungsgemäß mögen Kinder die Bachblüten nicht mehr, wenn man die Mischung mit Essig angesetzt hat. Man kann auch nur mit Wasser auffüllen, aber dann ist die Vorratsflasche nur eine Woche im Kühlschrank haltbar. Ich setze die Bachblüten mit Alkohol an in dem Wissen, dass die Kinder alle paar Monate maximal fünf Tropfen der fertigen Mischung in einem Glas Wasser verteilt zu sich nehmen. Entscheiden Sie selbst.

Bachblüten äußerlich anwenden

Zum Beispiel in der Badewanne: Geben Sie insgesamt acht Tropfen Bachblüten mit der Wirkung, die Ihnen am passendsten erscheint, in das warme Wasser, kurz bevor Sie in die Wanne steigen.

Zum Beispiel als Waschung: Sie können auch ein paar Tropfen dem Wasser bei einem Wellness-Quickie hinzufügen.

Zum Beispiel einatmen: Sie können ein bis zwei Tropfen Bachblüten oder BB-Mischung auf eine noch nicht entzündete Kerze geben und diese dann mit dem Kerzenwachs verdampfen. Oder geben Sie die BB mit dem ätherischen Öl in Ihren Verdampfer.

Schreib-Prompts

Drei weitere Anregungen, mit denen Sie schreibend den Tag ausklingen lassen können:

* »Ich kann mich kaum daran erinnern, wie es war zu …«
* »Heute möchte ich nur eins, nämlich …«
* »Manchmal habe ich solche Angst, dass …«

Samtige Dunkelheit

Wir greifen automatisch zum Lichtschalter, wenn wir die Kinder ins Bett gebracht haben und ins Wohnzimmer kommen. Genießen Sie heute mal die samtige Umarmung der Dunkelheit. Setzen Sie sich zehn Minuten ins dunkle Zimmer und lassen Sie die Nacht auf sich wirken.

Sie können auch eine Bienenwachskerze anzünden, einer geführten Meditation lauschen (zum Beispiel mit Kopfhörern). Und wer sagt denn, dass wir nur in der Weihnachtszeit den Zauber schöner Lichterketten als schummrige Beleuchtung genießen dürfen? Suchen Sie sich eine aus, die Sie wirklich richtig schön finden und hängen Sie sie an einem zentralen Ort auf, an dem Sie sich abends in Ruhe wenigstens für zehn Minuten entspannen können.

Feste Entspannungsinseln planen

Schaffen Sie sich Erholungspausen im Alltag. Sie nehmen sich sicherlich auch oft vor, mal wieder etwas für sich zu tun, »ganz ohne Kinder«. Und dann kommt doch ständig was dazwischen …

Einfacher geht es, wenn Sie feste Termine für solche Entspannungsinseln setzen. Reservieren Sie jeden Samstagnachmittag für sich selbst: Dann gehen Sie nicht shoppen oder putzen das Haus. Nein, da nehmen Sie sich Zeit nur für sich, die Sie ganz nach Gutdünken, aber ohne Stress und Hektik verbringen – vielleicht mit einem duftenden Bad.

Halten Sie solche Termine nicht ein, verabreden Sie sich am besten mit jemand anderem, der es Ihnen krumm nimmt, wenn Sie absagen. Legen Sie zum Beispiel mit einer Freundin fest, dass sie jeden Freitag Abend in die Sauna gehen, ins Fitnessstudio oder zum Aquajogging.

Sie werden es merken: Sobald Sie eine Art Ritual eingeführt haben, richten sich die anderen und auch Sie selbst viel eher danach. Und davon können Sie und Ihre Gesundheit ja nur profitieren.

Ich achte meine Grenzen.

Mama Mond

Der Mond lädt ausgezeichnet Batterien auf.

In den USA könnten Sie Freunde und Nachbarn bitten, dass Sie deren Jacuzzi auf der Terrasse bei Vollmond benutzen dürfen. Bei uns gibt es leider nur wenige Häuser, die auf der Terrasse einen beheizten Whirlpool haben. Sie müssen also improvisieren. Vielleicht scheint das Mondlicht in Ihr Bad? Dann löschen Sie alle Lichter und genießen Sie das weiche Mondlicht im warmen Wasser. Und auch ganz ohne Wasser kann ein »Bad« im Mondlicht wunderbar sein – setzen Sie sich still in den Mondschein, möglichst im Freien, und genießen Sie die ganz spezielle Stimmung. Sie können auch mit Kopfhörern eine Meditation aus diesem Buch ausprobieren.

Wenn Sie einen geschützten Balkon oder eine Terrasse haben, probieren Sie doch mal, im Mondlicht zu schlafen. Sich einfach mit Schlafsack auf einen Liegestuhl, eine Luftmatratze oder ein paar übereinandergepackte Isomatten (auch schön: Schaf-Felle auf Isomatten) legen, eventuell Mücken-Abwehrmittel auftragen und einschlummern. Morgens von Vogelgezwitscher, Sonnenstrahlen – und sehr verdutzten Kindern geweckt werden. Erfrischt, aufgetankt.

Große Umarmung

Wunderbar zum Aufladen Ihrer Batterien ist eine Übung aus dem Yoga.

Die Beschreibung ist länger als die Übung: Sie sind in maximal fünf Minuten fertig – können aber auch jederzeit verlängern.

Auf eine Matte knien, der Po ruht auf den Beinen (Fersensitz). Einatmen und sich langsam hoch in den Kniestand erheben. Dabei die Arme über die Seiten heben bis über den Kopf. Fingerspitzen zur Decke, Nacken lang machen und etwas verharren. Es sieht aus, als ob man etwas anbete.

Beim Ausatmen langsam wieder Körper und Arme sinken lassen, dabei die Arme vor der Brust überkreuzen. Die Hände liegen auf den Schultern bzw. auf den Oberarmen und Sie umarmen sich ganz fest. Verharren Sie einen Moment in der Umarmung, dann atmen Sie langsam ein und heben dabei wieder Ihren Körper an …

Wiederholen Sie diese fließende Bewegung ein paar Mal. Stellen Sie sich dabei vor, wie Sie Energie und

Freude mit den Armen aus der Luft in Ihr Innerstes holen und mit der Umarmung in sich verankern.

Zum Abschluss können Sie kurz nachspüren: Den Oberkörper und die Arme nach vorn sinken lassen, bis Sie die Stirn auf dem Boden ablegen können – eventuell müssen Sie die Beine etwas öffnen, damit das ohne Anstrengung geht. Führen Sie die Arme dabei an den Beinen zu den Füßen zurück, schließen Sie die Augen und lassen Sie Ihr ganzes Gewicht in die Matte sinken.

Jedem sein Spielzeug …

Gönnen Sie sich ein Lust-Objekt. Vorbei die Zeiten, als die Dinger noch »Sex-Spielzeug« hießen, scheußlich aussahen, laut waren und man sie mit roten Ohren in einem Sexshop kaufen musste.

Heute heißt es »Toys« oder »pleasure object« (eben: Lustobjekt). Man kann fast sagen, dass auch beim Sex-Spielzeug eine iPhonisierung eingesetzt hat. Es werden samtig-seidige Materialien verwendet, die man gar nicht mehr loslassen will. Die Form ist abstrakt, es gibt niedliche pinke Kurven ebenso wie lila Kugeln. Die Motoren sind stärker, aber trotzdem viel leiser geworden. Das ganze Gerät lässt sich wie ein Handy aufladen und ist meist komplett wasserdicht. Schauen Sie sich mal die Adressen im Anhang an und Sie werden sehen, wie viel Erfreuliches sich in den letzten Jahren getan hat.

Heute heißen diese Läden übrigens »Erotik-Boutiquen«. Es gibt ganz viele nur für Frauen – und eben diese haben auch meist einen Online-Shop, wo man ganz diskret einkaufen kann.

Die Beratung vor Ort lohnt sich aber unbedingt für Neu-Einsteigerinnen und hilft, Fehlkäufe zu verhindern. Setzen Sie einen Fuß in eine gute Erotik-Boutique für Frauen, lassen Sie sich beraten, befühlen Sie die samtigen Materialien und suchen Sie sich etwas aus. Seien Sie nicht schüchtern – für die Beratung können Sie ruhig sagen, wie Sie gern verwöhnt werden, damit die Boutique-Besitzerin auf Ideen kommen kann, welches Toy dazu passt. Lassen Sie uns zur Bedingung machen: Die Neu-Anschaffung sollte einen Motor haben. Sonst gehen Sie nämlich mit samtigen Trainingskugeln wie den »Ami« wieder raus – und haben immer noch kein Lustobjekt im Schrank.

Hardcore am Abend

Vielleicht geht es Ihnen wie mir: Wenn man mich in die Flucht schlagen will, muss man mir etwas von »Bauch-Beine-Po«-Stunden im Fitnessstudio erzählen oder mir eine Anleitung geben, wie ich 30 Minuten am Stück meine Bauchmuskeln malträtieren kann.

Allein die Vorstellung ist schon abschreckend, oder? Aber was ich durchhalten kann, ist *eine* Bauchmuskelübung täglich. Ich wechsle immer ab: einen Tag etwas für die geraden Bauchmuskeln, einen Tag für die schrägen.

Es dauert dann natürlich viel länger, bis man Resultate sieht. Aber bis dahin ist Ihnen die tägliche Bauch-Einheit zur Gewohnheit geworden und Sie behalten sie auch bei. Besser, als wenn Sie nach drei Wochen Quälerei das Handtuch werfen und gar nichts mehr machen.

Die unten stehenden Übungen habe ich ausgewählt, weil sie richtig ausgeführt keine Rückenschmerzen auslösen sollten und weil sie die tieferliegende Muskulatur (Beckenboden!) mittrainieren. Sie können sich auch ganz andere Lieblings-Bauch-Übungen aussuchen, oder immer mal wieder abwechseln. Wichtig ist, dass Sie Ihren Beckenboden mitanspannen und nicht überlasten – und dass Sie möglichst gerade und schräge Muskeln abwechselnd trainieren und nicht einseitig.

Die Anzahl der Wiederholungen können Sie erst mal niedrig ansetzen. Wichtig sind drei Sätze (Sets), die Sie dann auch wirklich durchziehen: *jeden Tag* und nicht geschludert.

Die Anleitung klingt übrigens wieder länger, als die Übungen dauern. Dadurch, dass Sie keine Sportklamotten anziehen müssen, sind Sie in maximal fünf Minuten fertig, versprochen!

Basis-Übung für die geraden Bauchmuskeln

Eine weiche Matte ausrollen (ich bewahre die Yoga-Matte gleich unter dem Bett auf). Im Schlafanzug darauflegen, Beine aneinandergelegt, die Arme hinter dem Kopf, Hände hinter dem Hinterkopf verschränkt. Fersen aufstellen. Beckenboden fest anspannen (siehe auch »Frauenpower durch Beckenbodentraining«). Bauchmuskeln ganz fest zusammenziehen, als wollten Sie die Mitte Ihres Bauches dazwischen zerquetschen. Jetzt langsam den Kopf und die Schultern etwas von der Matte lösen. Wichtig: Dabei den Beckenboden und Bauch nicht lockern! Den Kopf nach hinten in die Hände drücken, damit Sie sich nicht zu hoch von der Matte lösen. Die Ellbogen zeigen zur Seite. Der Hinterkopf drückt schwer in die Hände – und nicht umgekehrt. Die Hände dürfen nicht am Kopf reißen!

Halten, halten, halten – dabei atmen. Langsam wieder absenken. Wieder hoch. Laut meiner Cantienica-Trainerin aus dem Rückbildungskurs ist es wichtig, dass spätestens bei einer der Wiederholungen die Bauchmuskeln spürbar zu flattern beginnen. Tun sie das nicht, ist der Beckenboden nicht genug angespannt oder Sie ziehen vielleicht nur am Hinterkopf und nicht an den Bauchmuskeln.

Am Anfang genügen vermutlich vier bis sechs sorgfältig ausgeführte Wiederholungen. Das ist ein Set. Dann eine kurze (!) Pause und noch mal zwei Sets (also insgesamt drei mal vier Wiederholungen oder drei mal sechs). Merken Sie, dass Sie im dritten Set kraftlos werden, war die Anzahl der Wiederholungen pro Set zu hoch.

Ein leichtes Ziehen in den Bauchmuskeln am nächsten Tag ist okay. Bei Muskelkater die Anzahl der Wiederholungen verringern.

Am nächsten Tag die schrägen Bauchmuskeln trainieren. Dann wieder die geraden …

Seit-Lift für die seitlichen Bauchmuskeln

Auf der Matte auf die Seite legen. Den unten liegenden Arm anwinkeln. Den ganzen Körper in eine Linie bringen und anspannen, auch den Beckenboden. Auf dem unten liegenden Arm hoch »bocken« – die Hüfte und Beine liegen noch auf der Matte. Das ist die Ausgangsposition.

Jetzt mit der Kraft aus dem Bauch (!) den ganzen Körper zur Seite anheben, sodass sich die unten liegende

Hüfte von der Matte löst. Einen Atemzug oben halten, danach langsam absenken. Wieder langsam anheben. Etwa fünf- bis zehnmal wiederholen. Die letzte Wiederholung oben zwei bis drei Atemzüge lang halten. Kurze Pause. Nächstes Set.

Wer sich mit dem Körper in der langen Geraden schwertut, kann auch erst einmal die Beine leicht nach hinten anwinkeln, um sich Stabilität zu geben.

Schaffen Sie locker je 20 Wiederholungen in drei Sets, können Sie die Varianten des Seit-Lifts ausprobieren – zum Beispiel den oben liegenden Arm und das oben liegende Bein mit jeder Wiederholung zur Decke strecken etc. Im Internet finden sich viele Varianten.

Diese Übung formt schön den unteren Taillenbereich. Nach ein paar Wochen passen zum Beispiel die Jeans gleich viel besser. Die »Kugel« aus Unter- und Oberbauch muss man aber mit anderen Übungen formen.

Unbeirrbar weitermachen

Lassen Sie sich von Kommentaren Ihres Partners wie »Das bringt doch nix« nicht beirren. Lächeln Sie, machen Sie weiter. Sport vor dem Schlafengehen kann allerdings schlaflose Nächte bereiten. Sie tun daher einfach nur ganz kurz etwas für Ihre Fitness und Optik. Warten Sie's mal ab – in ganz vielen Haushalten liegen schon nach wenigen Wochen Frau wie Mann abends auf der Matte und machen Bauchmuskelübungen oder er macht stattdessen Liegestütze – möglichst heroisch und so, dass Sie ihn bei jeder Bewegung sehen. Verkneifen Sie sich jetzt jeden Kommentar. Es tut Ihnen beiden gut, etwas für sich getan zu haben, und seien es nur diese vier Minuten Bauchmuskeltraining jeden Abend.

Espresso für die Füße

Barfuß laufen entspannt und regt an. Gönnen Sie sich alle paar Tage ergänzend ein bisschen Fußgymnastik. Da können Ihre Kinder gleich mitmachen.

Versuchen Sie abwechselnd mit dem rechten und dem linken Fuß einen Stift aufzuheben, um ihn dann mit der Hand entgegenzunehmen. Geschafft? Gut, dann versuchen Sie es jetzt mal mit Kieselsteinen. Murmeln. Playmobilmännchen. Machen Sie nur mit Ihren Zehen (ohne die Hände zu benutzen) einen Knoten in eine lange Schnur. Gemeistert? Dann kommt die Kür: Probieren Sie, mit den Zehen eine kleine Münze vom Boden aufzuheben.

Fußgymnastik macht müde Füße munter und ist besonders wichtig für Mütter, die den ganzen Tag über viel stehen oder laufen.

»Ihr könnt mich mal!«: Abendliches Entspannungsbad

Mein absolutes »Die Welt kann mich mal«-Entspannungsbad enthält als Zugabe Meersalz (einfach das aus der Küche oder ein Badesalz), fünf Tropfen ätherisches Lavendelöl, einen Becher starken Kamillentee und je fünf Tropfen *Star of Bethlehem*- und *Red Chestnut*-Bachblüten.

Sie können natürlich auch andere Bachblüten verwenden. Andere ätherische Öle sind ebenso denkbar. Eigentlich müsste man die Öle in einen Emulgator wie Milch oder Sahne einrühren, damit sie sich mit dem

Wasser verbinden. Ich mache das meist nicht, sondern tropfe sie kurz vor dem Einstieg in die Wanne aufs heiße Wasser. Das erspart einen Gang in die Küche, eine Tasse mit Milchresten neben der Wanne ... Und der Duft erfüllt schnell den ganzen Raum.

Ein Nackenkissen positionieren, Kindersachen außer Sichtweite schubsen, Hocker neben die Wanne ziehen, Bienenwachs-Kerze auf einem Teller daraufstellen, anzünden, Licht aus, ins Wasser. Abschalten.

Apropos abschalten: Moderne *Toys* für Frauen sind meist wasserdicht und auch eine wirklich entspannende Ergänzung zum Bad. (Nehmen Sie nur Spielzeug, das explizit für die Wanne erlaubt ist.)

Den Tag abschütteln

Es gibt eine Meditation, die sich besonders für den Tagesabschluss eignet. Je chaotischer und voller Eindrücke Ihr Tag war, umso wichtiger ist es, diese Gedanken nicht mit ins Bett zu nehmen. Die Anleitung liest sich länger, als die Meditation dauert; Geübte brauchen nicht länger als ein paar Minuten, um die Eindrücke des Tages durchrauschen zu lassen. Am Anfang sollten Sie etwas mehr Zeit investieren, um die Technik zu erlernen.

Setzen Sie sich im Schlafanzug auf Ihre Yogamatte oder ein Kissen vor dem Bett. Entweder im Schneidersitz oder im Fersensitz, je nachdem, was Ihnen angenehmer ist. Sie können sich auch auf den Po setzen und in die weiche Umarmung Ihrer Bettdecke zurücksinken (die

Sie vorher halb aus dem Bett hängen lassen); ziehen Sie die Decke wie zwei Arme um sich.

Schließen Sie die Augen und konzentrieren Sie sich ganz auf Ihre (langsame) Atmung. Lassen Sie Erinnerungen an den heutigen Tag wie Luftblasen in sich aufsteigen. Verweilen Sie nicht bei einzelnen Eindrücken, werten Sie nicht und kommentieren Sie nicht, sondern lassen Sie die Gedankenfetzen wie einen Film (mal mit, mal ohne Ton) an sich vorbeiziehen.

Bei den ersten Malen sehen Sie vielleicht nur zwei, drei Bilder. Mit mehr Übung werden Tageseindrücke, die noch in Ihnen herumspuken, wie ein Film im Zeitraffer an Ihnen vorbeirauschen. Lassen Sie sie einfach durch sich hindurchfließen und im Boden versickern.

Wenn der Strom aus Bildern versiegt, machen Sie noch fünf tiefe Atemzüge. Schütteln Sie Ihre Arme und Beine aus, strecken Sie sich und öffnen Sie die Augen.

Legen Sie sich schlafen und gehen Sie in Gedanken nicht zu dem, was Sie gerade gesehen haben.

Lassen Sie sich nicht verängstigen, wenn manches immer und immer wieder aufblitzt, zum Beispiel eine aggressive Geste, die Sie erschreckt hat, oder ein hasserfüllter Blick (meinen Sie), den Sie kassiert haben. Verweilen Sie nicht. Stellen Sie sich vor, dass die Meditation diese schlechten Erinnerungen verbrennt, sobald sie an Ihrem inneren Auge vorübergezogen sind.

Ich lasse los, was nicht in mein Leben passt

Endlich wieder gut einschlafen

Guter Schlaf ist das A und O für jede Mutter, um auch stressige Tage gut zu meistern und sich nicht von jeder Kleinigkeit nerven zu lassen. Wer seit vier Jahren nicht mehr durchgeschlafen hat (was gar keine Seltenheit bei Müttern mit mehr als einem Kind ist), der sieht die Welt durch eine grau-schattierte Brille, hat Gedächtnisstörungen, speckt zu (wegen des hohen Cortisol-Spiegels) und hat ein sehr dünnes Nervenkostüm. Und das Schlimmste ist: Wer schlecht schläft, schläft immer schlechter, weil der Körper den Schlaf braucht, um sich wieder ins Gleichgewicht zu bringen.

Das Wichtigste für Mamas ist: In einem möglichst dunklen Zimmer schlafen (je dunkler, desto erholsamer und länger ist die Tiefschlafphase). Wochen- oder nächteweise mit dem Partner tauschen, damit jeder mal Schlaf opfern muss. Die Kinder ans Durchschlafen und Allein-wieder-Einschlafen gewöhnen – ja, das schreibt sich leichter, als es ist, ich weiß.

Tagsüber Adrenalin abbauen. Huh, wieso das? Wenn Sie Kinder und Haushalt jonglieren – und vielleicht auch noch berufliche Verpflichtungen dazukommen – haben Sie abends einen ganz schön hohen Adrenalinspiegel im Blut. Das stört beim Einschlafen und verkürzt auch Ihren Tiefschlaf.

Unsere Vorfahren haben das überschüssige Adrenalin durch Bewegung abgebaut. Wir werden hingegen immer »sesshafter«, je stärker wir unter Stress stehen. Wenn Sie schlecht schlafen, bildet sich am nächsten Tag noch mehr Adrenalin … Nehmen Sie mindestens einmal am Vormittag und einmal am Nachmittag die Gelegen-

heit wahr, Adrenalin loszuwerden. Hüpfen Sie eine halbe Stunde auf einem Trampolin, machen Sie eine halbe Stunde Dauerlauf (das kann ja auch im Zimmer sein) und ein paar Sonnengrüße …

Was können Sie noch für einen erholsamen Schlaf tun? Gönnen Sie sich ein Abendbad. Sie können ja mal die »Avena Sativa comp.«-Streukügelchen von Weleda ausprobieren. Diese Kügelchen dürfen auch schon Babys gegeben werden, sind also sehr mild. Sie helfen besonders bei Aufregung/Überstimulierung, um leichter einzuschlafen. Eine andere Möglichkeit ist Bryophyllum 50 %, ebenfalls von Weleda, das Sie vielleicht noch aus der Schwangerschaft kennen. Morgens und abends eine Messerspitze über ein paar Wochen lang einnehmen und ausprobieren, ob es Ihnen hilft.

Apropos Stimuli: Nicht nur ein Kind kann mit hundert Sachen rund ums Bett überstimuliert werden, sodass es nicht gut einschlafen kann. Misten Sie mal im Schlafzimmer aus. Auch nicht den Krimskrams unter dem Bett vergessen. Gönnen Sie dem Raum gleich noch eine Tiefenreinigung mit anschließendem Space Clearing. Ich würde das in drei Etappen angehen. So sind Sie pro Tag nicht mehr als eine Viertelstunde beschäftigt.

 # Ich bin dankbar!

So ist es, sich einsam zu fühlen …

Was für eine traurige Schreibaufgabe, nicht wahr? Nein! Die meisten von uns werden schon Phasen im Leben gehabt haben, in denen sie einsam waren, sich nach einer Beziehung gesehnt haben, danach, nach der Arbeit nicht in eine leere Wohnung nach Hause zu kommen. Mit Kindern leben wir jetzt das genaue Gegenteil. Alleinerziehende ohne Partner sehnen sich vielleicht nach erwachsener Gesellschaft – aber wenn man es auf das blanke »Da ist immer jemand« reduziert, dann ist man mit kleinen Kindern *nie allein*. Genau deshalb fühlen sich viele Mütter ausgebrannt. »Ich kann noch nicht mal allein aufs Klo gehen, geschweige denn, mal 20 Minuten was für mich machen, ohne dass jemand mir dazwischenfunkt.« Sich intensiv an die Zeiten zurückzuerinnern, in denen man einsam war, bringt *Dankbarkeit*. Dankbarkeit dafür, dass wir nicht mehr allein sind. Dankbarkeit dafür, dass wir Teil eines kleinen Familienkosmos sind und dass alles, was wir tun, *Reaktionen* auslöst.

Im Film *Avatar* sagen die Na'vi als Begrüßung und Wertschätzung: »Ich sehe dich.« Es steht für: *Ich nehme dich wahr, so wie du bist, ich schätze dich*. Einsam zu sein heißt auch, nicht gesehen zu werden. Deine Kinder sehen dich immer! Klar gibt es Familientheater, manchmal jeden Tag, und das ist nervig. Aber letztlich ist es Geplänkel, das vergeht. Die andere Seite der Waagschale ist der ominpräsente Kinderblick »Mama, du kannst alles«, »Mama, ich sehe dich«. Genießen Sie diese Zeit und diese wichtige Rolle, die Sie im Leben Ihres Kindes spielen.

So stoppen Sie Gedankenkarussells

Wenn Sie abends nicht (ein-)schlafen können, weil die Gedanken in Ihrem Kopf kreisen, versuchen Sie es mit körperlicher Aktivität, um sie zu verbannen. Denn krampfhaft an etwas anderes zu denken, hat meist den gegenteiligen Effekt.

Psychotherapeuten empfehlen bei quälenden Gedankenkarussells im Kopf: Aufstehen, ein paar Schlucke Wasser trinken, Liegestütze machen.

Sie können auch etwas anderes tun, Hauptsache, es bringt Sie *aus dem Kopf in Ihren Körper*. Das funktioniert nur, wenn das, was Sie tun, körperlich so anspruchsvoll ist, dass Sie nicht weiterdenken können. Bei den meisten Frauen sind daher Liegestütze ideal (nicht schummeln!), da schon zwei, drei richtig ausgeführte Liegestütze jede fordern. Legen Sie sich dann wieder ins Bett. Kehren die Gedanken ohne Ihr Zutun zurück, stehen Sie wieder auf, trinken Sie etwas Wasser, machen Sie die nächsten Liegestütze. Sie programmieren sich damit neu. Nach ein paar Tagen »Training« genügt oft das Trinken des Wassers, um Ihren Kopf abzuschalten, damit Sie einschlafen können.

Machen Sie auch tagsüber Sport, um negative Tagträume zu durchbrechen und um Adrenalin zu verbrennen, das Sie sonst nachts schlaflos macht. Probieren Sie aus, ob Sie nach Sport am Abend gut schlafen können oder ob es Sie schlaflos macht. Ich muss Yoga spätestens nachmittags um vier Uhr machen, sonst liege ich abends ein paar Stunden wach. Andere schlummern nach einer Runde Sonnengrüße entspannt wie ein Baby ein.

Abendstimmung

Schreiben Sie über das warme Abendlicht – im Sommer oder im Herbst.

Lassen Sie die Stimmung ganz in sich lebendig werden, bis Sie die warmen Strahlen der Abendsonne auf Ihrer Haut spüren. Halten Sie jedes Detail fest – vielleicht auch nur in Stichworten –, das diesen Moment so magisch macht.

Ich als Mama …

Wenn Sie zu Frust-Anfällen (kreischen Sie noch oder erziehen Sie schon?) oder zu »Ich hasse es!«-Listen tendieren, können Sie davon profitieren, sich in einer stillen Viertelstunde immer mal wieder mit der eigenen Mutterrolle zu beschäftigen. Am besten geht das mit freiem Schreiben – einfach alles herauspurzeln lassen.

Man kann aber auch ein Foto von sich selbst und den Kindern auf einen DIN-A3-Block kleben und mit vielen verschiedenen Kuli-/Buntstiftfarben einige Schlaglichter drumherum eintragen: Wie bin ich als Mama? Was macht mich glücklich? Was bringt mich in drei Sekunden auf die Palme? Was kann ich richtig gut als Mama? Was kann ich bei anderen Kindern gut, aber bei meinen eigenen nicht?

Den Blick auch mal weiter schweifen lassen: Inwieweit bin ich gewachsen, dadurch, dass ich eine Mutter bin? Was habe ich dazugelernt, was kann ich besser als früher? Wenn Sie das Gefühl haben, Sie haben gar nichts gelernt, dann lassen Sie mal eine Kindergeburtstagshorde auf eine kinderlose Freundin los oder drücken Sie ihr einen schreienden Säugling in den Arm. Sie als Mama sind Weltenretterin, wenn die kleine Seele gequetscht wurde, schaukelnde Urmutter, Löwenbändigerin – ohne langes Umschalten oder Überlegen.

Tricks schriftlich festhalten

Vielleicht schauen Sie auch mal nur auf den Teilaspekt »Erziehung«: Was habe ich schon ausprobiert? Was davon hat super funktioniert? Was eher nicht? Wie oft habe ich das tatsächlich ausprobiert, bevor ich es als »geht nicht« abgehakt habe? Habe ich mir die Zeit genommen, es für unsere Familie abzuwandeln?

Um nur ein Stichwort zu nennen: Bei ganz vielen Stress-Situationen besonders mit kleinen Kindern (von drei bis sechs) hilft ein Kurzzeitwecker. Aber ich vergesse das andauernd, obwohl ich weiß, wie super es bei meinen Kindern funktioniert. Warum vergesse ich das Teil dann immer, wenn's brenzlig wird?

Bei anderen Müttern sind es andere Dinge, die sie erfolgreich ein-, zweimal praktiziert und dann wieder vergessen haben, weil es nichts ist, das sie von Kindesbeinen an verinnerlicht haben. Aber die meisten von uns wollen doch *anders* erziehen als unsere Eltern. Also müssen wir neue Ideen festhalten, die gut funktioniert haben. Ohne einen Schritt zurückzutreten von Zeit zu Zeit, bleibt man sonst im inneren Kinderprogramm hängen – und wiederholt doch nur das, was man von zu Hause kennt.

Eine Collage hilft, neu Gelerntes in der Erziehung zu verinnerlichen. Sie können sich einzelne Vorsätze auch als selbst gemalte Postkarte an die Wand pinnen.

Kraft aus der Stille

Sich selbst denken zu hören, ist für Mamas enorm wichtig. Ebenso wichtig und immer wieder nötig ist eine *innere Stille*, die uns Kraft und tiefere Einsicht schöpfen lässt. Wir verbringen den ganzen Tag im Aktiv-Modus – wir reagieren, wir kommunizieren, wir agieren. Um in den »Empfangs-Modus« umzuschalten, muss man das bewusst beschließen und umsetzen. Etwas, das wir an den meisten Tagen noch nicht einmal für zehn Minuten tun. Wir überwinden uns vielleicht und setzen uns zum Meditieren hin, aber dann rattert der Kopf weiter, verarbeitet den Tag, grübelt über Gespräche oder alte Verletzungen nach.

Nehmen Sie sich immer mal wieder ein paar Minuten Zeit, um sich *in Stille* zu üben – ohne zu meditieren, ohne irgendetwas zu tun.

Mutter Theresa und andere berühmte Gläubige waren überzeugt, dass dieses Verharren in Stille für sie ein Zwiegespräch mit Gott (oder einer höheren Ebene des eigenen Bewusstseins) erst möglich macht.

Erst aus der Stille können wir jeden Tag Kraft und Antworten schöpfen, um unseren Alltag mit neuem Elan anzupacken.

Dank

Ich bedanke mich bei Shaghayegh und den anderen Stylistinnen von HEADS in Essen-Rellinghausen für die Beratung und praktischen Demonstrationen; bei Tanja Hummel, die diesem Buchprojekt beratend zur Seite stand in allen Fragen zu Yoga und Entspannung. Und ich danke besonders den Frauen, die ihre Tipps und Erfahrungen in dieses Buchprojekt eingebracht haben: Anja, Sarah, Annette, Jennifer, Solveig, Katja und Ulrike.

Buchtipps

Angaangaq; Babel, Angela: *Schamanische Weisheit für ein glückliches Leben. 21 kleine Zeremonien für den Alltag*, GU 2012 (Ein wirklich richtig schönes Buch. Die Zeremonien lassen sich ganz einfach zu Hause nachmachen.)

Bagus, Anja; Weber, Nina: *Der Trotzphasen-Survivalguide. Notfall-Tricks für Eltern mit Kindern zwischen 2 und 5*, Kösel 2013 (Tipps für typische Trotz-Situationen, Trotztypen – und ganz viele Entspannungstipps für die Eltern.)

Dennison, Gail E. et al: *Brain-Gym fürs Büro*, VAK 2012 (8. Auflage) (Kürzest-Übungen, die erfrischen und beweglich machen, körperlich wie geistig.)

Grillparzer, Marion: *3 echte Kilo weg.* Aus der Reihe *my books,* Südwest 2013 (Viele praktische Tipps u. a. auch zum Thema Eiweiß und Diät, Denkanstöße.)

Ferriss, Timothy: *Der 4-Stunden-Körper: Fitter – gesünder - attraktiver – Mit minimalem Aufwand ein Maximum erreichen*, Riemann 2011 (Viele gute Tipps auch für Mütter, wenn auch einiges etwas abseitig ist. Aber immer ein guter Lese-Snack, weil es einfach spannend ist, welchen wahnwitzigen Experimenten sich Timothy Ferriss ausgesetzt hat, um seine Theorien auszutesten.)

Kast-Zahn, Annette: *Jedes Kind kann Krisen meistern. So helfen Sie Ihrem Kind, Entwicklungsprobleme sicher zu bewältigen*, GU 2006

Nussbaum, Cordula: *Familienalltag locker im Griff: Der kleine Coach*, GU 2013 (Cordula Nussbaum unterrichtet sonst »kreative Chaoten« im Zeitmanagement – und das merkt man ihren Büchern wohltuend an. Da sie selbst Kinder hat, bietet sie praxiserprobte Tipps.)

Rankin, Dr. med. Lissa: *Mind over Medicine. Warum Gedanken oft stärker sind als Medizin*, Kösel 2014

Scherrmann-Gerstetter, Beate; Scherrmann, Manfred: *Das Brave-Tochter-Syndrom: ... und wie frau sich davon befreit*, HERDER spektrum, 7. Auflage 2013 (Für alle Frauen, die immer »funktionieren« wollen und bloß nie Nein sagen möchten.)

Schreiber, Gisela: *Räucherwerk. Wege zu körperlichem und seelischem Wohlbefinden*, Ludwig 2002 (Leider momentan nur gebraucht erhältlich; besonders für Einsteiger ein schönes Buch.)

Sher, Barbara: *Du musst dich nicht entscheiden, wenn du tausend Träume hast*, dtv 2012 (Eigentlich für »Scanner«-Menschen, die unendlich viele Interessen haben. Aber die praktischen Tipps sind immens wertvoll für alle Eltern!)

Trökes, Anna: *Yoga zum Entspannen* (aus der Reihe *Lust zum Üben*, mit CD), GU 2006

Vorbemerkung zu den im Buch genannten Produkten: Diese Produkte sind nur beispielhaft genannt. Weder der Verlag noch die Autorin erhalten für ihre Nennung Geld oder andere Gegenleistungen.

Übungskarten, Aufsteller

Commenda, Kirsten; Gütlinger, Eva: *Auf der Reise zu mir. 52 Impulse für ein harmonisches Leben*, Aufsteller, Südwest 2012 (Pro Woche wird eine Yoga-Übung vorgestellt und mit einem Coaching-Gedanken verknüpft; sehr schön gemacht.)

Trökes, Anna: *Die Yogabox*, GU 2012 (Die Karten zeigen die wichtigsten Yoga-Übungen mehr oder weniger im Detail und es gibt ein Faltblatt, das den ganzen Sonnengruß abbildet.)

DVDs

Yoga Everyday von Ursula Karven (Die Sequenzen auf *Yoga Everyday* sind jeweils 15 Minuten lang – ideal, um sie auch mit einem hektischen Alltag täglich anzuwenden. Vorher sollte man ein paar Yoga-Kurse gemacht haben.)

Yoga macht Fröhlich von Susanne Fröhlich (sehr gut für Einsteiger geeignet)

Yoga mit Ralf Bauer von Ralf Bauer (sehr gut für Einsteiger geeignet)

Postnatal Yoga (Rückbildungsyoga) mit Patricia Thielemann/Spirit Yoga Berlin (Hier kann man auch noch als Mama von älteren Kindern mitmachen, da die DVD einen weichen Einstieg in die Fitness und ins Yoga erlaubt.)

Shine on Yoga. Vinyasa Yoga für Frauen von Gillian Wagner (Für Einsteigerinnen mit etwas Erfahrung und Fortgeschrittene. Enthält einen 10-Minuten-»Energy Boost«, einen sanften Flow und einen fordernden Flow)

Vinyasa Yoga Flow – Tanz der Göttinnen von Claudia Eva Reinig (Eine sehr schön gemachte Yoga-DVD mit drei Trainingssequenzen. Man sollte vorher ein, zwei Yoga-Kurse besucht haben. Über www.land-der-abenteuer.de/reinig-yoga kann man sich Ausschnitte aus der DVD anschauen.)

Webtipps

www.in-dir.de/angebote (Webseite von Tanja Hummel, Psychologin, Coach und Yoga-Trainerin, die mich bei diesem Buchprojekt beraten hat. Schwerpunkte: Entspannung, Ashtanga Yoga.)

http://innermeangirl.com/openhouse (*Die Inner Mean Girl Reform School* von Amy Ahlers und Christine Arylo, auf Englisch)

www.land-der-abenteuer.de (Mein *Blog* für Eltern und andere Stressgeplagte. Tipps für Kinderspiele, Basteln, aber auch mentale Wellness und Entspannung.)

http://leoniedawson.com (Website von Coach Leonie Dawson, auf der sie, auf Englisch, auch bloggt. Sehr schön sind die Gratis-Motivationsposter bzw. -Desktop-Hintergründe und Mini-Meditationen, die sie über ihre Mailingliste verteilt.)

www.terraelements.de (Hier als Beispiel genannt für die inzwischen vielen Online-Shops mit speziellen Nahrungsmitteln oder Nahrungsergänzungsmitteln. Was mir bei TE gefällt, ist, dass alles laktosefrei ist und möglichst wenige Zusatzstoffe enthält.)

http://zenhabits.net (Blog von Leo Babauta, auf Englisch)

Bezugsadressen Toys

http://de.lelo.com (*lelo* Toy-Tipps: Ina 2, Soraya)

http://jejoue.com (*jejoue* Toy-Tipps: Uma, Fifi; Ami für den Beckenboden; für beide: Mio. Noch keine deutsche Webseite, aber in vielen Online-Shops erhältlich, zum Beispiel www.amorelie.de/sexspielzeug/marken/je-joue)

www.amorelie.de (*Amorelie* bietet eine große Auswahl hochwertiger Toys, diskret und romantisch verpackt und verschickt. Hier als Beispiel für die wirklich schönen Online-Shops genannt.)

www.jimmyjane.com (Toy-Tipps: Massage-Kerzen, Countour M-Massage aus Keramik. *jimmyjane* hat noch keine deutsche Webseite, ist aber inzwischen in vielen Online-Shops erhältlich.)

Register

A

abreagieren 75 f., 86 f., 130
 (siehe auch *Sport*)
Abwechslung/Trott 46, 92
Affirmationen 69, 118
Altar 44
Art Journal 129
Ätherische Öle 39 (Info),
 53, 64, 83, 105, 141, 157
 (siehe auch *Düfte*)
ausmisten 62
Auszeit (siehe auch *Rituale*)
 - An die Luft 71
 - Bad 132
 - Instant-Auszeit 86
 - Lollis 105
 - Wasser-Sofortentspannung 64
 - Zen-Lunch 52

B

Bachblüten 78, 132, 145 (Info)
Bad (als Rückzugsort) 17, 86
baden 132, 144, 147, 149 f., 157
Beckenboden 134, 152, 154
beruhigen/runterkommen 63,
 100, 103, 106 f., 115, 129, 132,
 136, 144, 148, 157, 163
Bienenatmung 19, 107
Bienenwachs 44, 75 (Info), 119,
 148

C

Collagen 57, 106, 122, 165
 (siehe auch *Traumboards, Pinterest*)

D

Dankbarkeit 138, 162
Depression 19, 106
Detox-Drinks 20, 73
Düfte 39 (Info), 64, 75, 105, 132
Dunkelheit 136, 148 (siehe auch *Mond*)

E

Elemente, Entspannen mit den 54 (Info) (siehe auch *Erde, Feuer, Luft, Traumreisen, Wasser*)
Erde 54, 96, 108, 130
erfrischen/neue Energie 22, 42, 50, 84, 101, 105, 109, 114, 125, 136, 142, 145
Erlaubnis 69, 74
essen (zu viel) 72

F

Feuer 43, 54, 60, 79, 97, 119
 - Wärme 127
Frust-Abbau
 - Bachblüten 146
 - Ich-hasse-es-Liste 106
 - kneten 75

- kneten/Zimt 76
- malen 130
- schreiben 164
- singen 19
- Wasser 82

Füße 83, 102, 157

G

Gedankenkarussells 13, 22, 74, 108, 130, 143, 158, 163 (Info)
Gesundheit 26, 85, 101, 114

H

Haare 101, 141
hören 19, 27, 63, 113 (siehe auch *Traumreisen*)

I

Ich-hasse-es-Listen 106
Ingwerwasser 20

K

Kerzen 18, 44, 75, 119, 147
Kinder 65, 71, 76, 92, 97, 104, 126, 139
- Wellness mit Kindern 43, 65, 127

Körperpflege
- Augen 144
- Dehydration 72
- Füße 102, 157
- Gesicht 52
- Haare 141
- Magnesiumöl 85
- schlafen 160
- Zuckerpeeling 83

Kraft 25, 43, 54, 69, 101, 108, 126, 166
Kräuter und Gewürze 20, 58, 60, 75, 79, 94, 99, 129
Kreativität 44, 55, 57, 106, 122, 129, 132, 165 (siehe auch *malen, schreiben*)
Kurzzeitwecker 100, 103 f., 165

L

lachen 84
Lärm 63 (siehe auch *hören*)
Lolli 105
Luft 32, 39, 54, 59 f., 71, 91, 150

M

Magnesium 26, 85
malen 65, 130 (siehe auch *Collagen*)
Mantra 19, 107
Massage 40, 101, 127 (siehe auch *Wärme*)
Meditation (siehe auch *Traumreisen*)
- Atmen 99
- Den Tag ausklingen lassen 158
- Intention setzen 118
- Kerzen 119
- Nadi-Shodana-Atmung 142
- Regenwalddusche 136
- Schreib-Einstimmung 23
- So Hum-Meditation 22
- Zazen 67
- Zen-Lunch 52

Mond 150 (siehe auch
  Dunkelheit)
Mudras 67

N

Nadi-Shodana-Atmung 142
Nahrungsergänzung 25, 85,
  101, 114
Nein-Sagen 69, 74

P

Peelings und Packungen
  (siehe *Körperpflege*)
Pinterest 57, 132

R

räuchern 60, 76, 97
  (siehe auch *Feuer*)
Rituale 43, 139, 149

S

schlafen 146, 151, 156, 158,
  160, 163
schreiben
  - Abendstimmung 164
  - Bloß weg hier 129
  - Den Anfang finden 38
  - Den Tag ausklingen
    lassen 148
  - Ein Zimmer für mich
    allein 131
  - Er-Schaffenspause 55
  - Fluchten aus dem Alltag 59
  - Heldinnen 122
  - Hier möchte ich hin 46
  - Im Sommerwind 41
  - Info, Einstimmung 23, 47
  - Körperbewusstsein,
    Selbstliebe 133
  - Märchen 126,
  - Mein Leben im Ausland 92
  - Nach Hause kommen 140
  - Selbstbild/Ich als
    Mama 164
  - Sommerabend 137
  - Ungesagtes 55
  - Zufriedenheit/Einsam-
    keit 162
Seele 18, 43, 100, 138f., 151,
  162f., 166
Sexspielzeug 152, Anhang
singen 19, 56, 107
Space Clearing 60
Spaziergang 71 (siehe auch
  Luft)
Spiritualität 43, 54
Sport 24, 53, 86, 134, 153, 163
Stille 16, 18, 166

T

Tee 20, 31, 52, 72, 129, 157
Traumboard 44, 57, 129, 132
Traumreisen 27 (Info)
  - Erde-Traumreise 108
  - Feuer-Traumreise 79
  - Luft-Traumreise 32
  - Wasser-Traumreise 28

U

Umarmung / Zärtlichkeit 63,
  101, 118, 128

W

Wärme 127 (siehe auch *Feuer*)
Wasser 20, 28, 54, 64, 72, 82, 102, 136, 150 (siehe auch *baden*)
Wellness-Schreiben 48, 92 (siehe auch *schreiben*)

Y

Yoga
- Asanas, die Energie bringen 50
- Asanas gegen schwere Beine 123
- Balance 95
- Bienenatmung 107
- Brust befreien 91
- Drehsitz 117
- Geschirr spülen wie ein Baum 124
- Große Umarmung 151
- Heldin 89
- Infos 35, 118
- Katzen-Flow 37
- Krokodil 116
- Lachyoga 84
- Mudras 67
- Nadi-Shodana-Atmung 142
- Schultern 89
- Sonnengruß 42
- Stellung des Kindes 56
- Vorbeuge 113

Z

Zazen 67
Zimt 58f., 75, 94
Zitronengras-Tee 20

Wutzwerge und Trotzmonster

Leben mit Kindern

Anja Bagus/Nina Weber
DER TROTZPHASEN-SURVIVALGUIDE
Notfall-Tricks für Eltern mit
Kindern zwischen 2 und 5
ISBN 978-3-466-30960-3

Wälzt sich Ihr Kind schreiend auf dem Boden, streitet es leidenschaftlich um jedes Kleidungsstück und jeden Bissen Gemüse? Willkommen in der Trotzphase!
Mit diesem praxiserprobten Notfallkoffer sehen Sie dem nächsten Wutanfall Ihres Kindes gelassener entgegen und können selbst ruhiger und entspannter werden.

www.koesel.de